漫畫：仲村ユキトシ

那個……
……跟我做的時候，是不是不夠舒服？
怎……
怎麼會！
只是……那個……
偶爾也會希望你……
摸一下這裡……
我在說什麼呀？對不起！
我先睡了!!

BUCK'S COFFEE
BUCK'S COFFEE
BUCK'S COFFEE
沒想到晴香的陰蒂這麼敏感……
我竟然沒注意到。
嗯……
不過我也有點刻意躲避……
好痛！
對、對不起！
前任女友的回憶
沒想到會這麼敏感～
根本就不知道要怎麼摸……
豆豆攻略！
LOVECLI!!
……！

就是它了!!
啊……
哈——
哈——
嗯!
插

今天是從後面呀……
晴香……妳這裡很敏感，對不對？
咦？
那裡!?
插
哧
好丟臉喔……!

揉
揉
啊嗯♡
啊!?
這麼快……!
那裡♡快一點♡
抽插
我……不行了♡等一下!!
你一直摸那裡這樣我……♡
抽插

啊——
啊——
啊啊♡
啊——
會……
會高潮的……♡
噗啾♡
啊啊啊啊啊♡

哈——
哈——
今天的晴香……
摸我的……
敏感部位……
心跳
好色、好性感喔。
……
誰叫你……
再來……我們再大戰一次……晴香……
什麼？
討厭啦♡

豆豆攻略!!
LOVECLI!!

CONTENTS

第1章

溫柔指愛

溫柔圈愛

PLAY 01

愛撫陰蒂的基本功

用指尖在陰蒂（陰核）的表面上，像寫日文平假名的「の」一樣畫圈圈的愛撫技巧，同時也是用手指愛撫陰蒂的基本技巧。

其方法是：①推開包皮，露出陰蒂，②指腹放在凸起部位的表面黏膜上，③以要摸不摸的方式稍微觸碰陰蒂，④並在表面以畫「の」的方式轉動手指，撫摸表面黏膜。

進行到步驟②時要用指腹觸摸，中指或食指都可以。用靠近指尖的地方瞄準目標刺激也可以，但原則上還是盡量用指腹——也就是指尖到第一關節這段占了三分之一的隆起部位。另外，在撫摸陰蒂之前要先刺激陰道口，之後再將陰道分泌物（俗稱愛液）塗抹在指腹上。

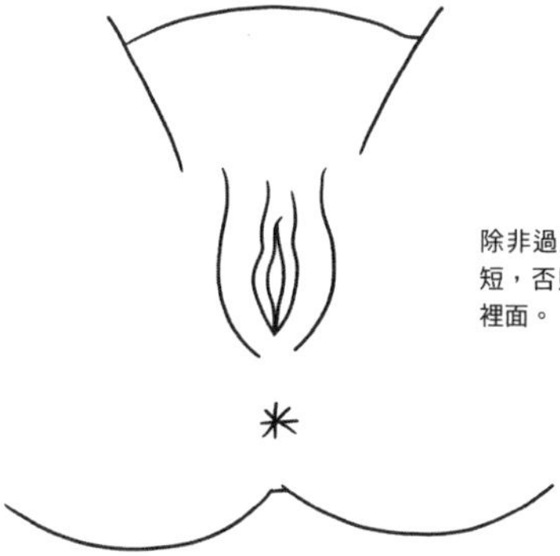

除非過度勃起，或者包皮原本就比較短，否則陰蒂通常會整個覆蓋在包皮裡面。

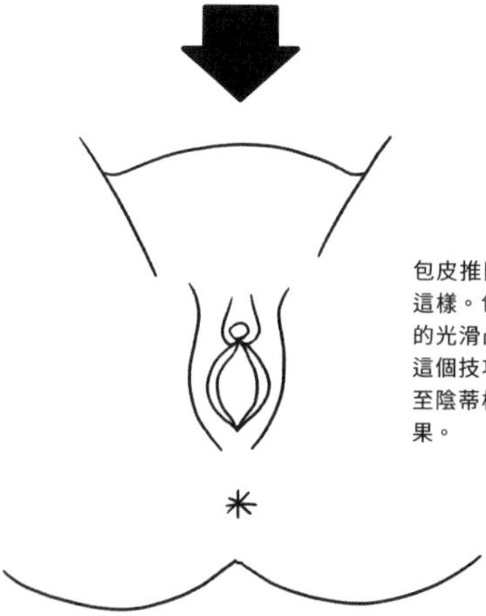

包皮推開（＝挪開）之後，就會變成這樣。包皮底下的淡桃色黏膜所覆蓋的光滑凸起部位就是陰蒂本體。施展這個技巧的目的，在於將包皮整個推至陰蒂根部，以期帶來更好的挑逗效果。

手指與陰蒂若是太過乾燥，在挑逗的過程當中反而會讓女性感到刺痛。因此在愛撫的過程當中，要偶爾沾取陰道分泌液，並且不時地留意指尖和陰蒂是否夠溼潤。女性的陰道如果還沒溼潤或者不易溼潤，也可以用唾液將指尖沾溼，或者搭配市售的潤滑劑來使用（※指尖在觸摸陰蒂時基本上都要先保持溼潤，之後再來運用本書中的每項指愛技巧）。

在步驟③中碰到的地方越少，帶來的挑逗效果就會越強。而「要摸不摸」的觸摸方式也是所有陰蒂愛撫技巧的基本原則。進展到步驟④時，剛開始動作要放慢。當對象的欲火被點燃時，就要配合對方的亢奮程度快馬加鞭。記得，手指的動作要連續而且順暢，這樣對方的反應才會越來越強烈。

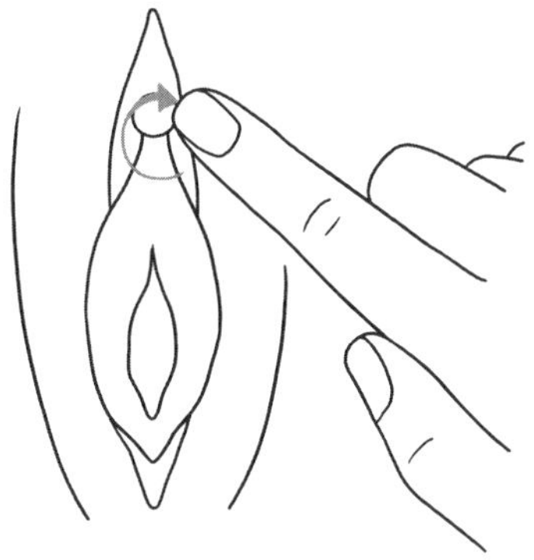

以描繪輪廓的方式在凸起部位的周圍寫一個大大的「の」字。這樣帶來的快感會比刺激陰蒂頭還要來的溫和。手指若能慢慢游移，還可挑逗對方，讓對方心急如焚。

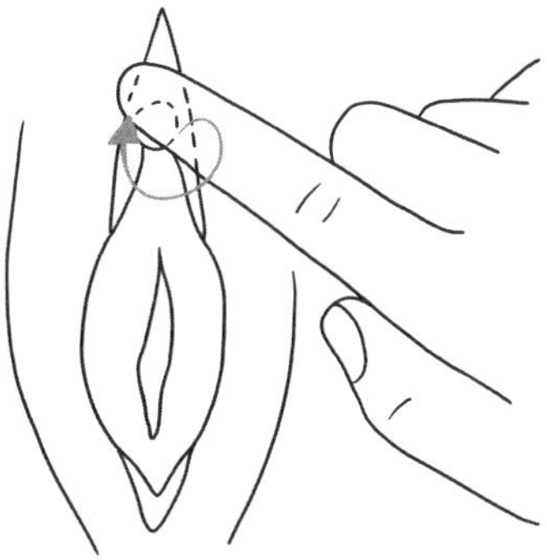

在陰蒂勃起並隆成山型的頂端這個非常狹小的範圍內，以畫「の」字的方式不停轉圈圈。只要針對敏感的陰蒂頭刺激，就可以在短時間內帶來極度強烈的快感。

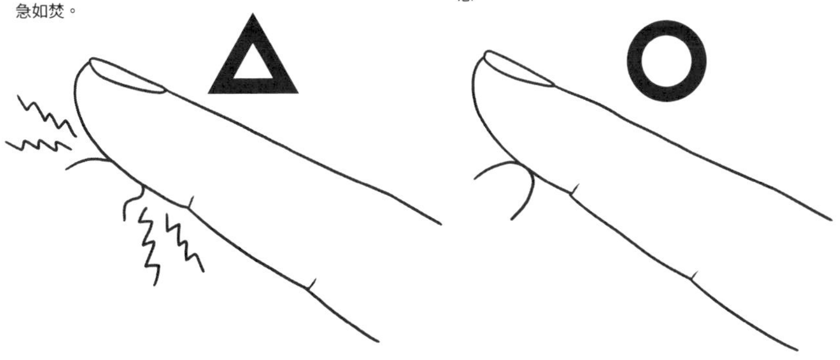

指尖以要摸不摸的方式觸摸陰蒂表面，也就是輕輕碰觸，這就是挑逗的基本原則。

上撩下撫

PLAY 02

筆直輕撩敏感點的中心線

用指尖輕輕地在陰蒂中心線上下輕撩的指愛技巧。只要不停地直線刺激陰蒂，就能帶給對象餘韻猶存的快感。

採用這個技巧時要用溼潤的指尖不停地上下游移，筆直輕撩陰蒂。

若要加強效果，愛撫時包皮就要先推開，這點很重要。讓指尖順著陰蒂的中心線上下游移可以帶來極大的效果。愛撫時，手指要留意陰蒂隆起的形狀均勻施壓。原則上指尖要慢慢游移，但可稍加變化，刻意短距離迅速撫摸。

運用這項技巧的愛撫方式大致可分為四種。

方式A：有規律地瞄準位置，不停地上撩下撫。

方式B：只重複往上撩弄這個動作（手指放下時盡量不要碰到陰蒂）。

方式C：只重複往下撫摸這個動作（手指往上時盡量不要碰到陰蒂）。

方式D：例如「先往下撩弄四次，之後再不停地往上撫弄八次」，也就是隨機上撩下撫。

採用方式A時只要手指移動，就一定能夠刺激到陰蒂，所以每一舉一動都可以帶來極大效果，毫不浪費一絲精力。只要以A為基本，之後再視情況搭配方式B、C、D，這樣就能更有效率地點燃女性的情慾。

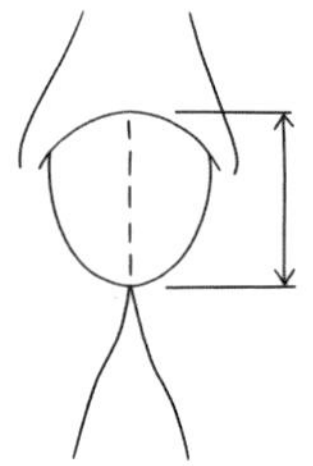

手指沿著兩個箭頭之間的陰蒂中心線來刺激。

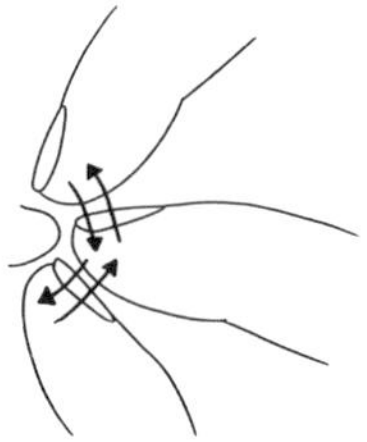

配合隆成山型的陰蒂形狀，一邊保持「要摸不摸」的距離，一邊沿著中心線愛撫。

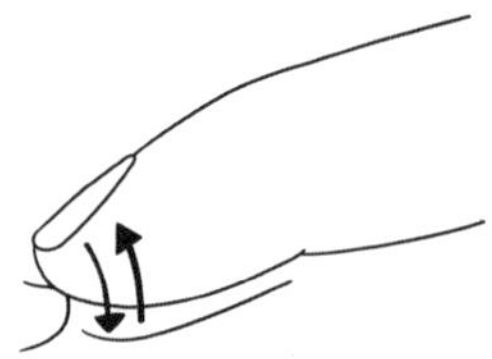

不管是向上輕撩還是向下輕摸，都要遵守「呈一直線愛撫、盡量拉長距離刺激陰蒂」這個基本原則，不過偶爾縮短距離加以刺激也不錯。短距刺激之後只要緊接著長距愛撫，一定可以讓對象深深地感受到長距單向刺激特有的愉悅感。

插圖：戸ヶ里憐

從陰蒂下方（接近陰道口的位置）朝上（靠近肚臍的位置）愛撫時，女性不妨採取後背體位的姿勢，這樣會比較容易進行。

輕碰挑逗

PLAY 03

輕快敲打節拍，開啟淫樂之門

用指腹輕敲陰蒂，挑逗女性情慾的指愛技巧。

方法很簡單，只要用指腹輕敲陰蒂的中心點（凸起部位的頂部）就可以了。

原則上只要輕敲陰蒂頭（中心）就可以，但稍微偏離也不會有什麼大礙。敲的時候只要注意力道（千萬不要用指尖用力拍打），那就萬事ＯＫ，而且不難，是一種非常吸引人的指愛技巧，而且發揮效果的成功率也相當高，值得善加利用。

不管陰蒂是覆蓋著包皮，還是已經推開包皮，只要利用這個技巧刺激陰蒂頭，通常都能帶來不錯的挑逗效果。

前戲剛開始沒多久，陰道口就會開始溼潤。不過這個時候陰蒂通常還是會縮成一團，因此這個技巧可以有效地讓埋藏在

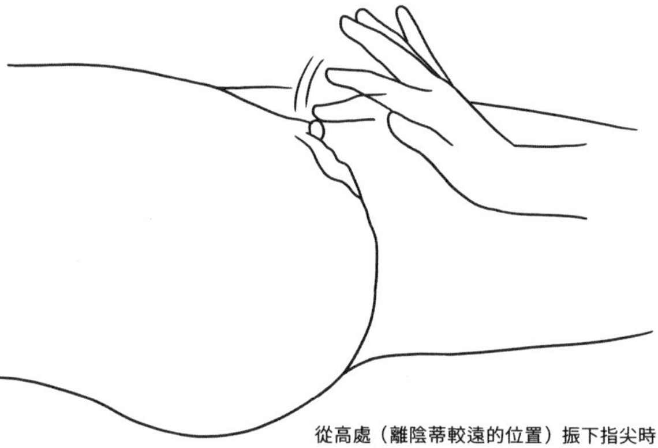

從高處（離陰蒂較遠的位置）振下指尖時，比較容易保持緩慢而且振幅大的節奏。不過這個時候要注意力道，觸碰陰蒂時力道不要太大。

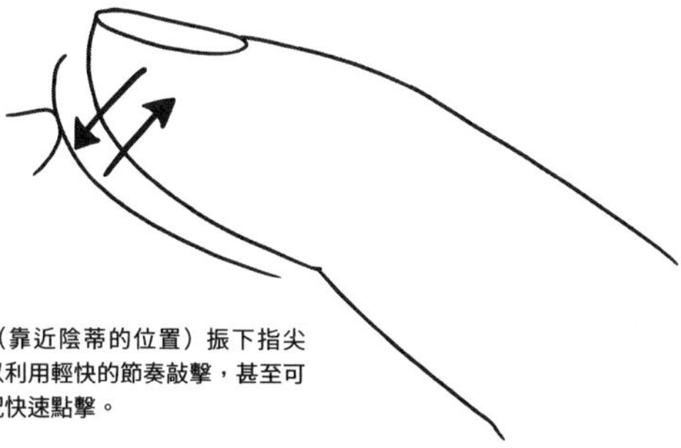

從低處（靠近陰蒂的位置）振下指尖時，可以利用輕快的節奏敲擊，甚至可以視情況快速點擊。

褶皺黏膜裡的陰蒂整個隆起。若要強制讓陰蒂勃起，溼潤柔軟的「輕挑勾舔」（參見第34頁）或「忘情舌舐」（參見第36頁）、「入侵陰宮」（參見第50頁）等技巧較為常用，但對於性愛技巧還不夠熟練的情侶來說（特別是受動者為女性時），貿然舔舐陰道在心理上可能會有點排斥。這個時候只要重複使用這項技巧，對方就會順其自然地陷入真正的愛撫漩渦之中。

除了前戲剛開始的這個階段，在情慾高漲的時候重複施展這項技巧也能帶來不錯的效果（此時加快拍打速度會更有效）。在進行活塞運動時如果也能搭配使用的話，得到的效果可是會讓對方欲罷不能呢！所以大家一定要好好掌握機會，學會這項愛撫技巧。

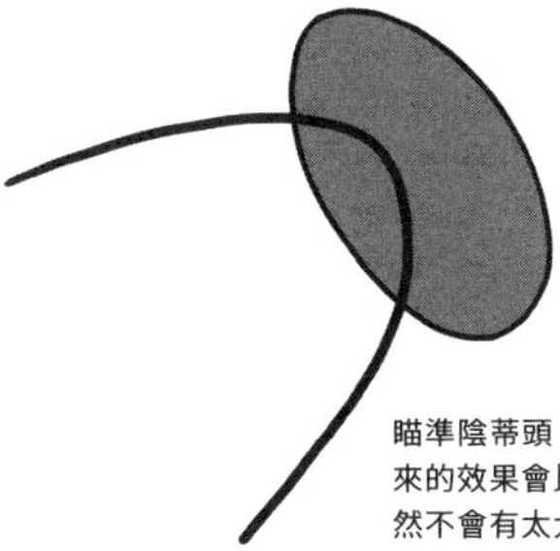

瞄準陰蒂頭（頂點）點擊，這樣帶來的效果會比較好。偏離中心點雖然不會有太大的問題，不過點擊的時候還是盡量瞄準凸起部位這一帶效果較佳。

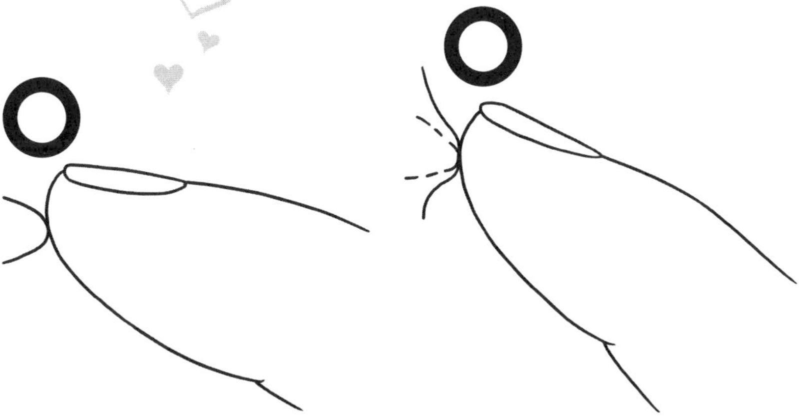

包皮如果推開的話，輕敲就可以刺激黏膜；但如果是用力碰擊的話，就算陰蒂覆蓋在包皮之下，也同樣能帶來不錯的效果，這就是這項技巧的優點。

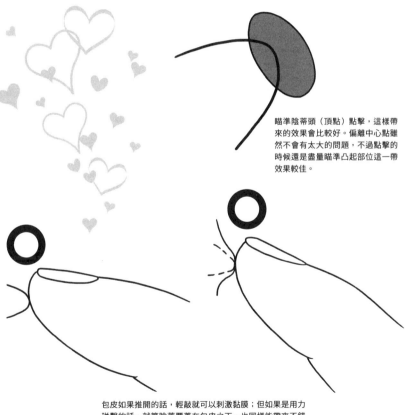

推送包皮

PLAY 04

以推拉包皮的方式，間接刺激包皮底下的凸起部位

捏起蓋住包皮的陰蒂，直接讓包皮在凸起部位上下滑動，間接刺激陰蒂的指愛技巧。

這項技巧的方法如下：

①讓女性張開雙腿。

②拇指和食指捏起蓋住包皮的陰蒂。

③以上下滑動包皮的方式輕輕移動指尖，搓揉陰蒂。

包皮滑動的時候可以刺激陰蒂的表面黏膜，所以不用擔心女性會和用手指愛撫一樣感到刺痛。對那些自慰經驗不足（或者沒有）、陰蒂的表面黏膜非常敏感，直接愛撫的話會感到疼痛的女性來說，這個技巧是再適合也不過了。此外，包皮的內側黏膜通常會與陰蒂的表面黏膜緊密接觸，而這種情況的最大好處，就是可以全

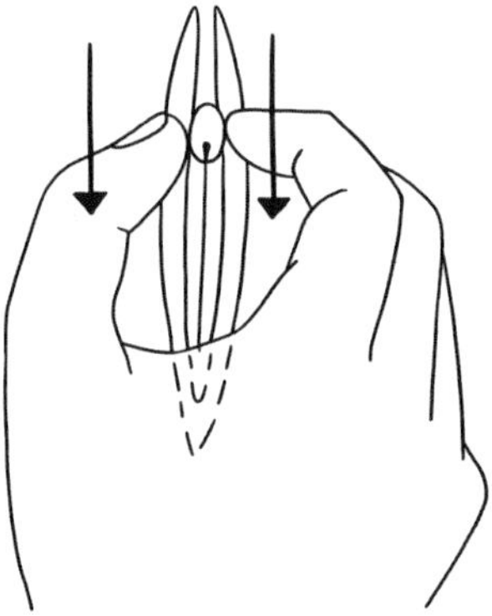

上層覆蓋著包皮的陰蒂整個捏起來之後……。

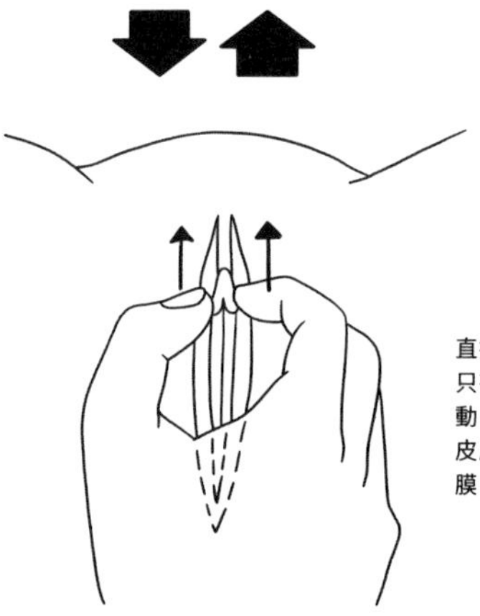

直接捏著移動手指的話，就只有包皮會在凸起部位上滑動。如此一來，包皮內側的皮膚就會摩擦陰蒂表面的黏膜，進而產生快感。

面刺激凸起部位的表面。

進行到步驟②時，如果對象平時就有在鍛鍊，陰蒂就有可能會變得比較肥大，或者在採用這項技巧之前，陰蒂就已經勃起到足夠的大小及硬度。在這種情況之下，陰蒂就會自然而然地露出於包皮之外。儘管如此，我們還是可以捏住包皮，拉起來蓋住陰蒂。對於陰蒂快感已經開通的女性來說，這種搔癢的感覺所帶來的快感反而會更強烈。

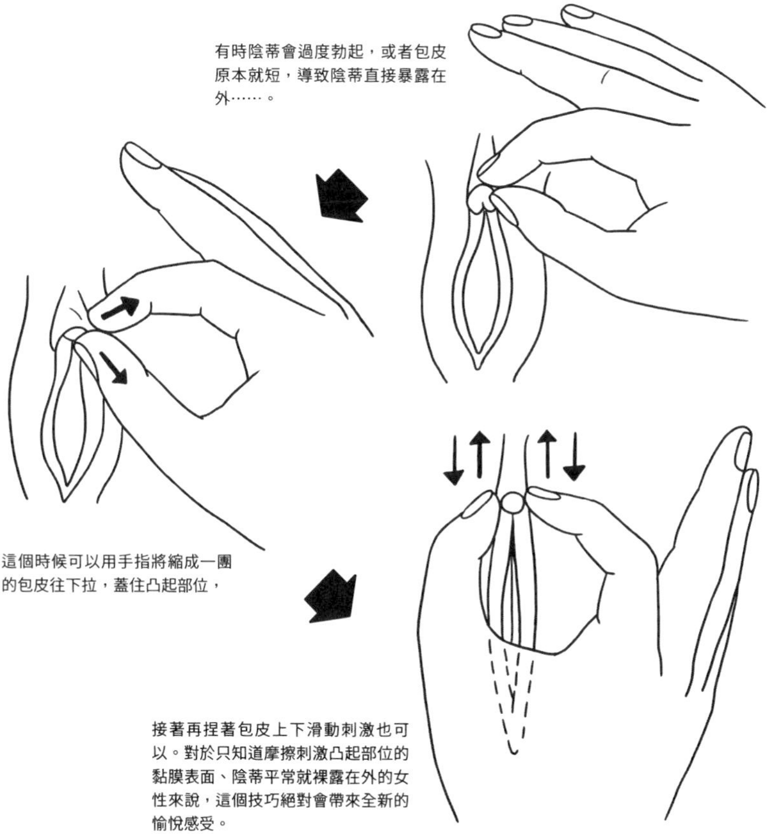

有時陰蒂會過度勃起，或者包皮原本就短，導致陰蒂直接暴露在外……。

這個時候可以用手指將縮成一團的包皮往下拉，蓋住凸起部位，

接著再捏著包皮上下滑動刺激也可以。對於只知道摩擦刺激凸起部位的黏膜表面、陰蒂平常就裸露在外的女性來說，這個技巧絕對會帶來全新的愉悅感受。

按壓蒂蒂

PLAY 05

按下敏感的按鈕，打開情慾的開關！

指尖貼在陰蒂上，慢慢按壓刺激的指愛技巧。只要一提到刺激陰蒂，許多人就會聯想到一股宛如電流四處流竄、刺激又明顯的快感。

不過這個指愛技巧所帶來的快感有別於此，女性會感受到一股從下腹深處慢慢滲出擴散、沉穩又厚重的快感。

其方法是：①用手指觸摸陰蒂頭，②一直用力按壓，③按壓到某個程度之後，④再放鬆指尖的力量，之後只要斷續重複②~④數次即可。

這項技巧的重點不是貿然用力壓下去，而是在先在步驟①輕碰陰蒂，之後再慢慢用力按壓下去。在步驟④停止按壓時也不要一口氣就鬆手，而是要慢慢釋放力道。力道整個釋放時，指尖也不要離開陰蒂。也就是說，手指要一直放在陰蒂上，時而按壓，時而放鬆，而不是一直拍打。就算沒有在按壓，手指頭也要輕碰陰蒂，這樣才可以與「輕碰挑逗」（參見第18頁）這項指愛技巧區隔開來。

只要以富有節奏及律動的方式輕快按壓，或者故意慢慢地、深深地讓對方覺得自己快要把持不住的方式按壓，同時施力的時候再多一點變化，這樣就能摸索出女性喜歡什麼樣的力道按壓。一般來講，大多數的人都習慣用食指，但是只要順手方便，用哪一根手指都可以。而且觸摸陰蒂的手指部位不一樣，在刺激的種類上也可以帶來微妙的變化。

指尖觸摸的部位・其一
指腹。只要用肉厚柔軟的部位觸摸，觸感就會變得柔軟。

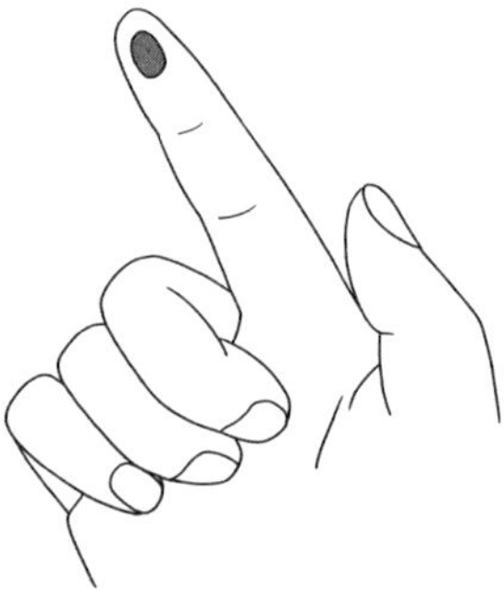

指尖觸摸的部位・其二
只要用指尖附近肉較薄的部位觸摸，帶來的刺激就會格外明顯強烈。

插圖：羅ぶい

這個技巧的重點，在於就算沒有用力按壓，指尖也要繼續輕碰陰蒂，不可移開。但不要整個貼在陰蒂上，這樣才能產生有別於「輕碰挑逗」（參見第18頁）的快感。

PLAY 06

顫動陰處

顫動指尖，雙管齊下

一邊利用跳蛋或者是電動按摩器顫動指尖，一邊刺激陰蒂的指愛技巧。

其方法是：①食指或中指貼放在陰蒂上，②用力震動手臂，③再順勢利用這股震動力讓手指顫動，刺激陰蒂。

每個步驟的重點如下。

步驟①：要似有若無地觸摸陰蒂。用力按壓指尖雖然可以加強陰蒂「核心」的快感，但是表面黏膜卻會變得不容易亢奮。只要手指稍微碰觸陰蒂，就能讓對象的表面黏膜和陰蒂核心同時感受到顫動。

對方如果是熟悉陰蒂快感的女性，那麼這個方式就可以當作應用技巧，輕輕按壓指腹，同時加強震動來刺激。在這種情況下，用大拇指的指腹或許會更順手。

步驟②：只有手指不動。手腕也要固定。這個技巧並不是用指尖或手臂揉搓陰蒂，而是整隻手臂（上臂二頭肌）都要用力晃動。只要這麼做，就可以毫不間斷地微幅顫動。

不過這個技巧會對手臂肌肉造成負擔，但是只要在對象因刺激陰蒂而快要達到高潮時趁機採用這項技巧，絕對可以大幅提昇讓對方絕頂升天（也就是「進入高潮」）的機率。

這就是在關鍵時刻要施展絕招的技巧。

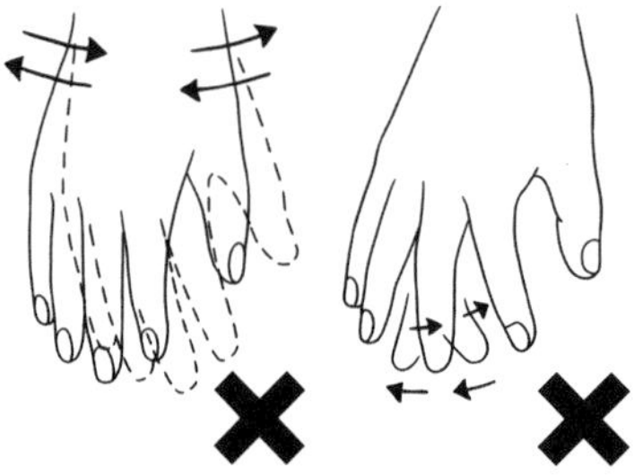

指尖和手腕都要固定。絕對不可以用擺動手指（右圖）或甩動手腕（如左圖）的方式來製造震動。因為震動手指或手腕無法產生細微且順暢的顫動，而且肌力也無法持久。

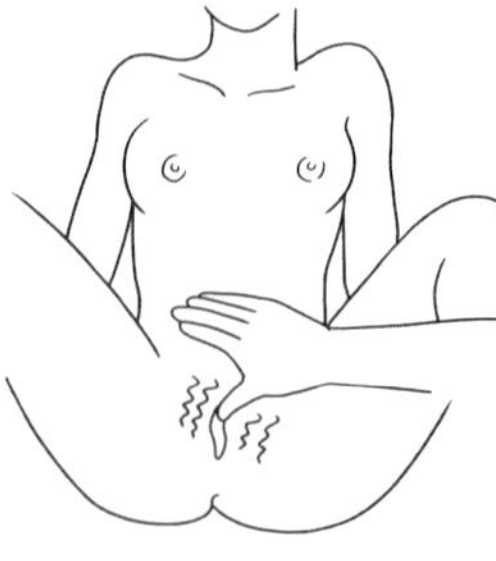

應用技巧方面，另一種方法就是將大拇指的指腹按壓在陰蒂上。此時的重點，在於施展強勁的震動。以正常體位合體時重複施展這項技巧通常可以帶來不錯的效果，就體位而言也比較容易進行。

插圖：烏丸やよい

除了觸碰陰蒂的指尖，還要想像從指尖到肩膀這整隻手臂都在震動。只要用力震動手臂的肌肉，就會比較容易產生微幅的顫動。

彈指逗弄

PLAY 07

指尖輕輕刮過凸起部位的表面，宛如搔癢挑逗刺激

用指甲尖在陰蒂的表面黏膜抓搔刺激的指愛技巧。

其方法是：①指尖稍微勾起來，②只用指甲尖輕輕觸碰陰蒂表面，③指頭不停擺動，做出「過來」的手勢，④進而刺激陰蒂的表面黏膜。

步驟①使用的手指最好是可以輕鬆控制細微動作的食指。

步驟②的力道要輕，只要指甲尖稍微碰到黏膜就可以了。陰蒂的表面黏膜非常敏感，若用指甲用力抓的話反而會馬上抓傷出血，到頭來會惹上一身腥，被冠上「笨手笨腳」這個不易擺脫的差評。主動者要做的並不是真的「抓癢」，而是「像是」在抓癢。所以只要指甲尖輕輕掃過陰蒂的表面黏膜，彷彿像是在搔癢就可以

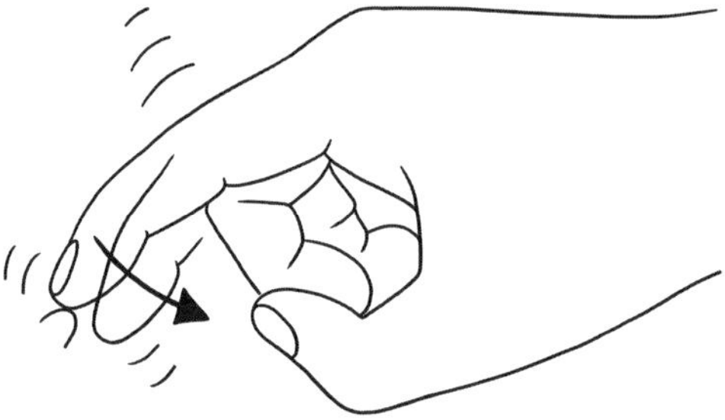

輕動手指。稍微彎曲拉伸第二關節，想像是在用手指做出「過來」的手勢。

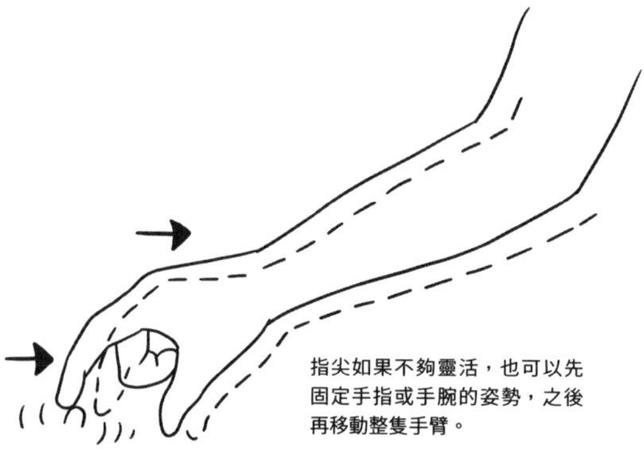

指尖如果不夠靈活，也可以先固定手指或手腕的姿勢，之後再移動整隻手臂。

了。

在步驟③移動手指時，第二關節要不停地彎曲拉伸。指尖不夠靈活的人可以先固定手指或手腕，之後再移動整隻手臂。不過這個時候要注意力道，千萬不要太過用力，不然整隻手臂會撞到陰蒂。

在進行步驟④時，陰蒂的表面黏膜上有一層薄膜，刺激的時候最好像是用指甲尖刮取一樣輕搔。

至於刺激的部位方面，最好是凸起部位的頂部（也就是陰蒂頭），這樣效果會更好。但是不要長時間刺激同一個部位，因為這麼做可能會傷到黏膜。就算對象反應不錯，想要換個技巧，轉換的間隔時間也要繼續刺激山腹（也就是凸起部位的側腹），盡量不要中斷。

基本上只摩擦凸起部位的頂端。大家可以先想像用指甲尖輕刮東西的畫面，盡量刺激陰蒂頭這個極狹窄的部位。

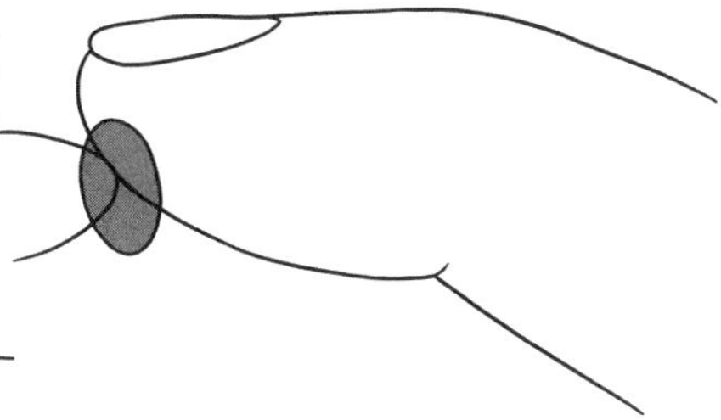

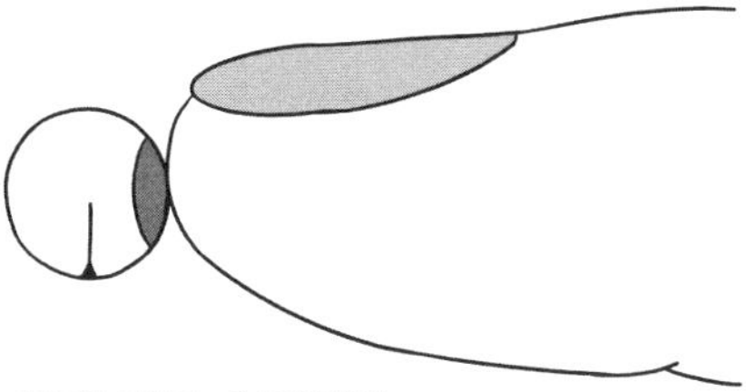

應用技巧方面，也可以搔弄山腹（也就是凸起部位的側腹）這個部位。

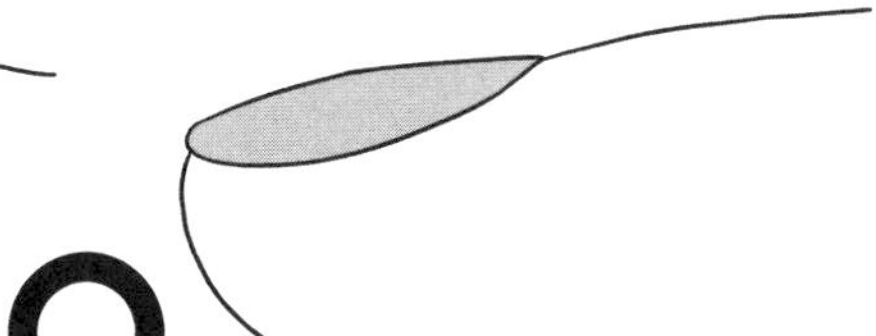

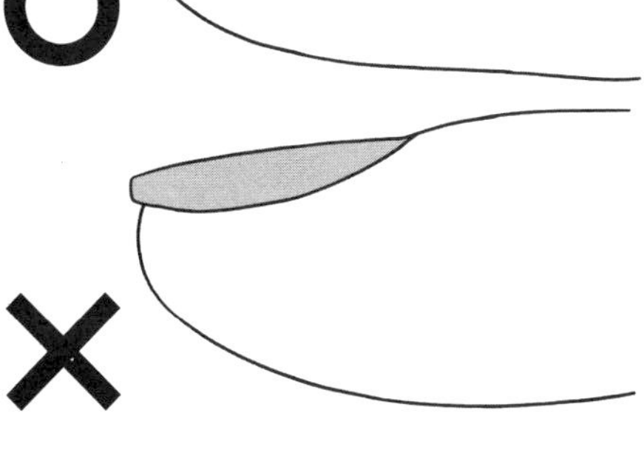

光是剪指甲是不夠的。因為剛剪好的指甲邊緣非常尖銳，這樣反而會傷到陰蒂黏膜。因此指甲剪好之後，最好立刻用銼刀將切口磨圓。

揉捏玄圃

PLAY 08

整把抓住陰阜，揉捏陰蒂

抓住局部胯下的肉——也就是所謂的陰阜，不停搓揉，間接刺激陰蒂的指愛技巧。

其方法是：①在女性的陰裂尚呈閉合的狀態之下，②抓一把大陰唇周圍的肉，③用力揉捏。

如何在陰裂閉合的情況下張開雙腿，是這項指愛技巧成功與否的關鍵。陰裂若是開得太大，就會無法施展這項技巧；但是胯下（雙腳）若貼太緊，又會無法揉捏局部。因此身為受動者的女性要像M字腿般抱住彎曲的腳，或者模仿瑜伽犁鋤式的姿勢，也就是採取「打樁機」這個體位，抬起併攏的雙腳露出陰道。只要採取這樣的體位，就會比較容易抓住飽滿的陰裂，揉捏時手也比較有足夠的空間活動。

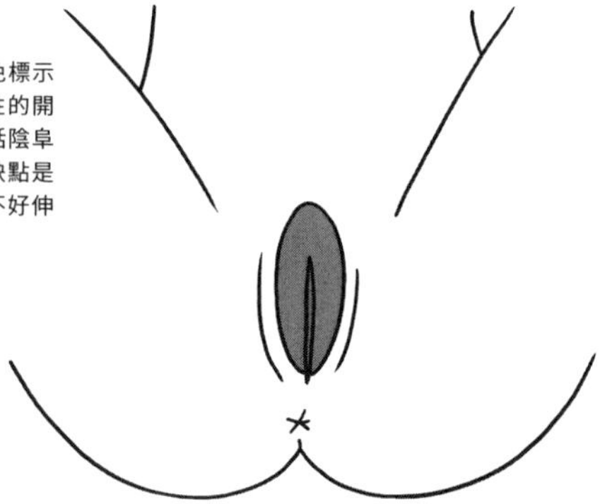

抓住自然閉合的陰裂（用灰色標示的部位）。身為受動者的女性的開腿程度是重點。雙腿緊閉的話陰阜會整個隆起，比較好抓，但缺點是揉捏時手較不容易活動，也不好伸入胯下，這樣反而動彈不得。

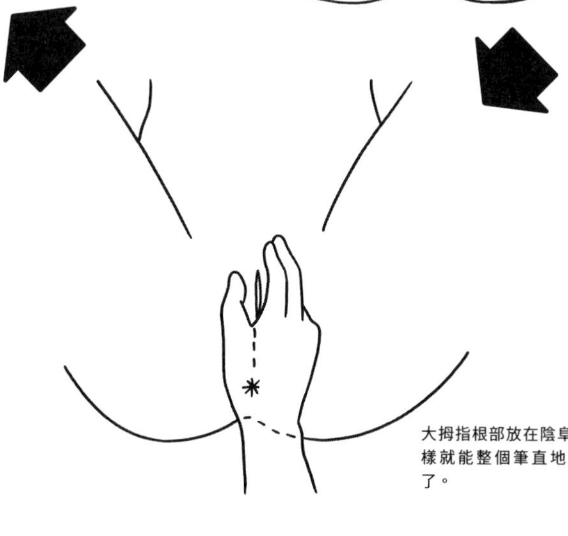

大拇指根部放在陰阜側面，這樣就能整個筆直地抓住陰阜了。

愛撫陰蒂時，原則上動作要細膩一點。但在這個技巧中，敏感的陰蒂因為被厚實的陰阜覆蓋，所以就算用力揉捏，也不用擔心對象會感到劇烈刺痛。這對於還不熟悉讓人刺激陰蒂的女性來說，算是一個相當溫和的指愛技巧，同時也非常適合體質特別敏感的女性。刺激雖然溫和，但因動作非常大，營造的氣氛相當狂野，算是這項技巧的魅力。在細心呵護敏感陰蒂的同時，也能滿足主動出擊者的S願望以及承受方的M期望。不僅如此，動態十足的肢體行為還能帶來一股充滿律動、舒暢無比的快感。非但不需要太過在意力道的調整，甚至可以盡情地為所「慾」為，對於那些「不太擅長細膩的挑逗動作」或者是「想要完全放空，大幹一場」的人來說，或許是最佳技巧。

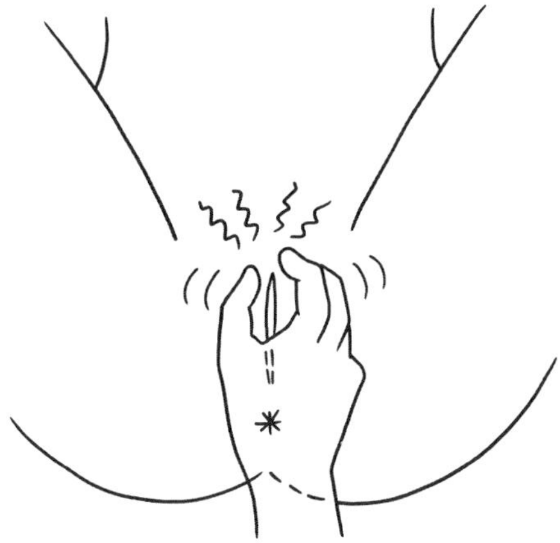

抓住陰阜，不斷揉捏。

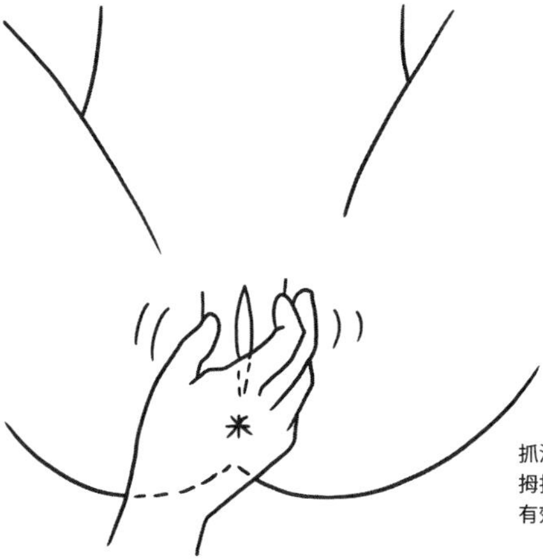

抓法．其二
拇指、食指和中指集中捏住陰蒂周圍的肉，這樣就能有效地給予刺激。

只要受動者採取類似M字腿的姿勢，讓陰阜整個隆起，手就會比較容易抓取這個部位的肉，活動空間也會比較充足。不過在擺這個姿勢的時候要記住一個重點，那就是兩腿的膝蓋要比一般的M字腿還要靠近。

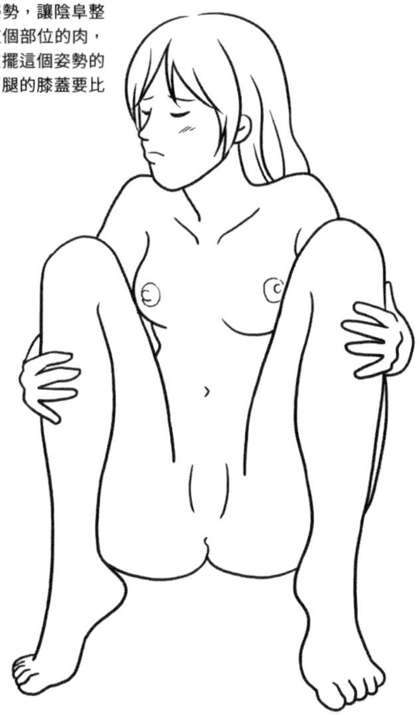

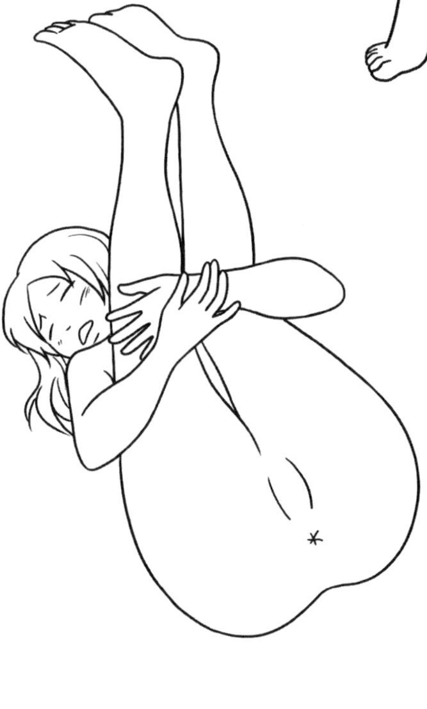

在打樁機這個體位中扮演受動者角色的女性可以夾緊雙腿，露出閉合的陰裂。陰阜的肉只要整個隆起就會比較容易抓起，還能確保揉捏的空間，對於扮演受動者角色的女性來說，心理上的效果相當值得期待。

插圖：大山樹奈

推開包皮的方法・基本篇

露出陰蒂的基本方法大致有三種。①雙手推開包皮，使其露出；②一手推開包皮使其露出，一手同時進行撫摸；以及③單手推開包皮，使其露出，並用同手手指加以愛撫。而在採用這三種方法的同時，推開包皮的方法也有兩種，分別是A：將包皮往兩側推開，以及B：將包皮往肚臍方向拉，讓陰蒂裸露出來。只要善加組合，就能透過各種方式，挑逗陰蒂。

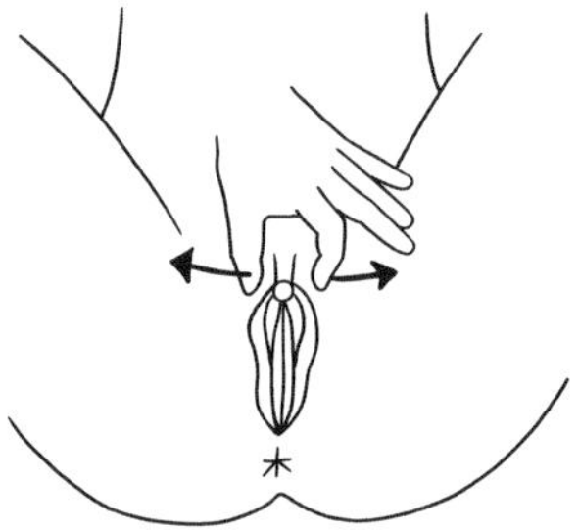

只要單手推開包皮，另一隻空閒的手就可以隨意刺激其他部位。

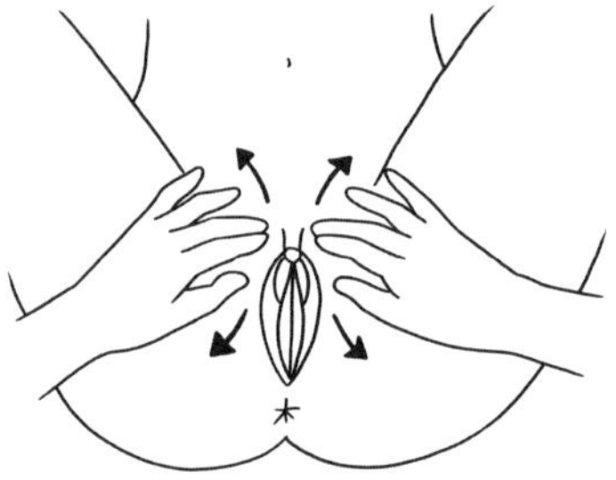

雙手一邊拉開陰裂，一邊推開包皮。這個方式最大的特色，就是可以毫不保留地「露出神祕的黑森林」，大大煽動身為受動者的女性羞恥心。利用舌頭或嘴唇撥弄特別適合。

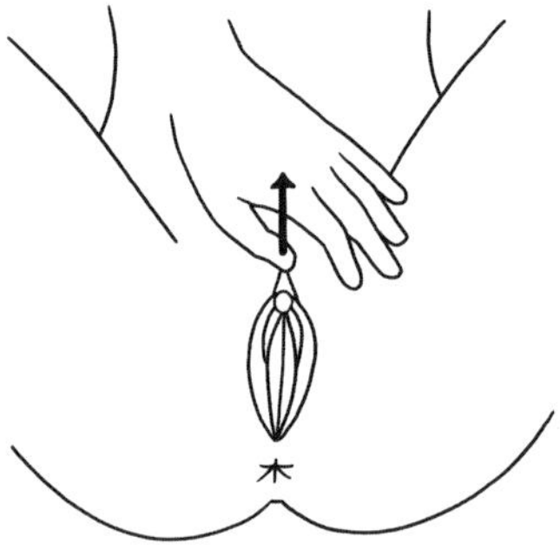

只要用拇指將包皮（朝肚臍方向）向上拉，就可以露出陰蒂。更令人興奮的是，兩人以正常體位結合時也能輕鬆施展這項指愛技巧。

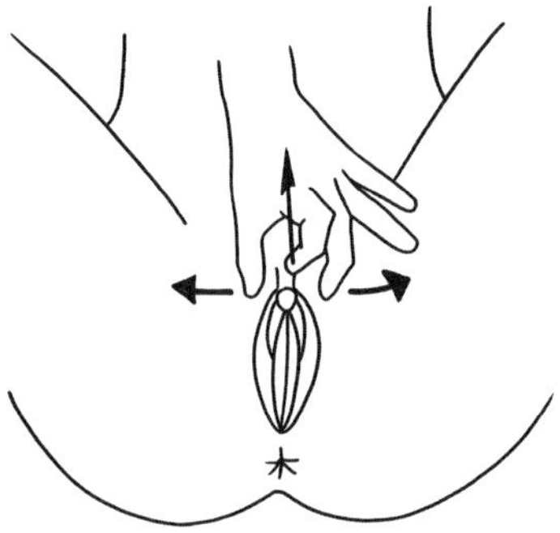

單手推開包皮時若能善用三根手指，就可以讓陰蒂毫不保留地露出來。此時先用拇指和中指將包皮推開，接著再用食指將包皮（朝肚臍方向）向上拉就可以了。

第2章 唇舌雙愛

PLAY 01

輕挑勾舔

用舌尖不停勾舔敏感的凸起部位

伸長舌尖，刺激陰蒂的方法。同時也是以用舌頭愛撫陰蒂的方法為基本，進而提升挑逗效果的舌愛技巧。

其方法是：①推開包皮，露出藏在裡頭的陰蒂，②舌頭整個伸出來之後，③只用舌尖觸碰露出的陰蒂，④舔舐時舌尖以外的部位盡量不要碰到對象，只針對敏感的凸起部位愛撫。

舌尖的活動方式大致可分為三種：

A：蜻蜓點水，輕輕勾舔。

B：如啄木鳥，一頂再頂。

C：深壓根部，不停擦舔。

勾舔的訣竅，在於模仿蛇不停吐出舌頭的模樣。方式B不是移舌舔舐，而是將舌頭伸直，牢牢固定在陰蒂上，之後再前後移動整個頭，也就是以頂的方式來刺

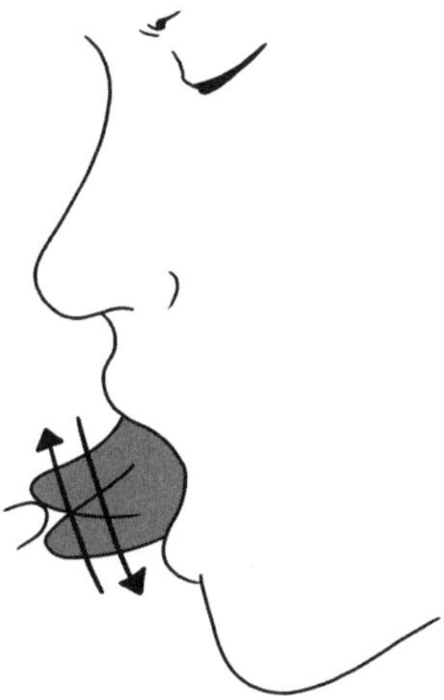

輕輕勾舔。只用舌尖圓圓的部位，彷彿搔癢般刺激陰蒂。

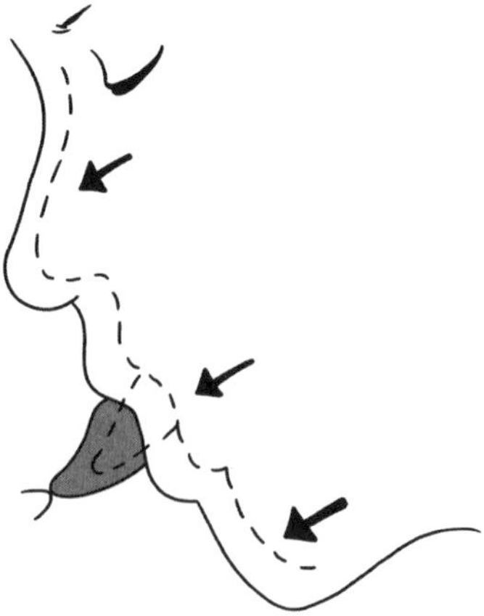

頂住陰蒂攻擊。舌尖頂住陰蒂，頭整個前後移動，不斷刺激。訣竅在於舌頭要伸出來，好好地頂住陰蒂。

激，這樣會比較輕鬆。至於C的擦舔，則是要將舌尖緊貼在黏膜上，臉前後移動，好讓舌尖深入陰道中。

A到C這三種方式不管採用哪一種，只要是陰蒂，從凸起部位的頂端到山腹的任何一處都可以刺激挑逗。而就C這個方法來說，還可以深入隱密的甜蜜地帶，也就是針對陰蒂根部加以刺激，這樣得到的效果應該會相當不錯。用舌頭沿著根部外圍打轉舔舐也同樣能讓對方亢奮無比。總之不管採用哪種技巧，都要記住一個重點，那就是精準觸碰陰蒂，以給予高度的觸感和快感。

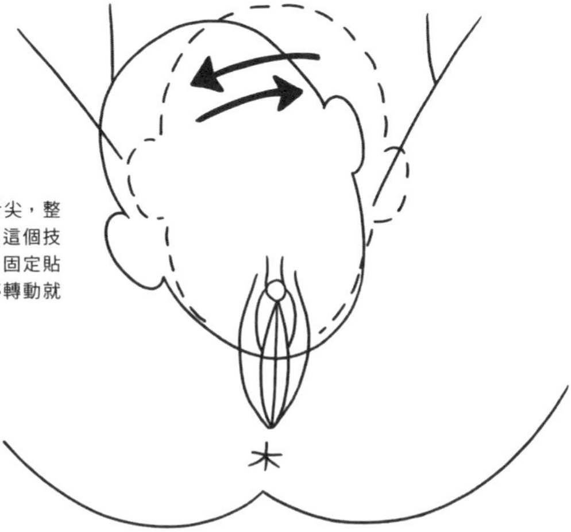

不停轉動刺激。硬起舌尖，整個深入陰蒂根部。採用這個技巧的舌頭一樣要伸直，固定貼在陰蒂上，整個頭不停轉動就好。

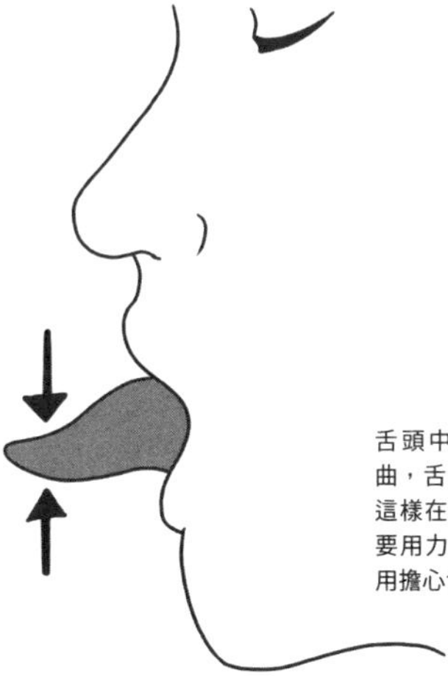

舌頭中間這個部位只要稍微彎曲，舌尖就會自然而然地用力。這樣在刺激陰蒂的時候就不須硬要用力，就算長時間攻擊，也不用擔心舌頭會累到抽筋。

忘情舌舐

PLAY 02

舌面攤平，緊密貼合舔舐

用平坦的舌頭表面大面積舔舐陰蒂、挑逗愛撫的舌愛技巧。不管是主動者還是身為受動者的女性，都能深深體會到「口交愛撫／被愛撫」的銷魂感受。

其方法是：①露出陰蒂之後，②伸出舌頭，③整個攤平，④舌面碰到陰蒂之後，⑤來回移動舌頭（或頭部）貼舔。

步驟④的貼舔方式是這項舌愛技巧的成功關鍵。舔的時候，平坦的舌面要盡量緊貼在陰蒂上。因此舌頭在步驟③一定要盡量攤平，這點很重要。

舔陰的技巧如果夠好，舌頭表面的味蕾就會刺激到陰蒂，讓對象因為粗糙的觸感而忍不住身體後仰，而且還會激烈地扭動身軀，滿滿的情欲，難以把持。舌頭的狀態和〈舌尖〉（參考前文）一樣，只要

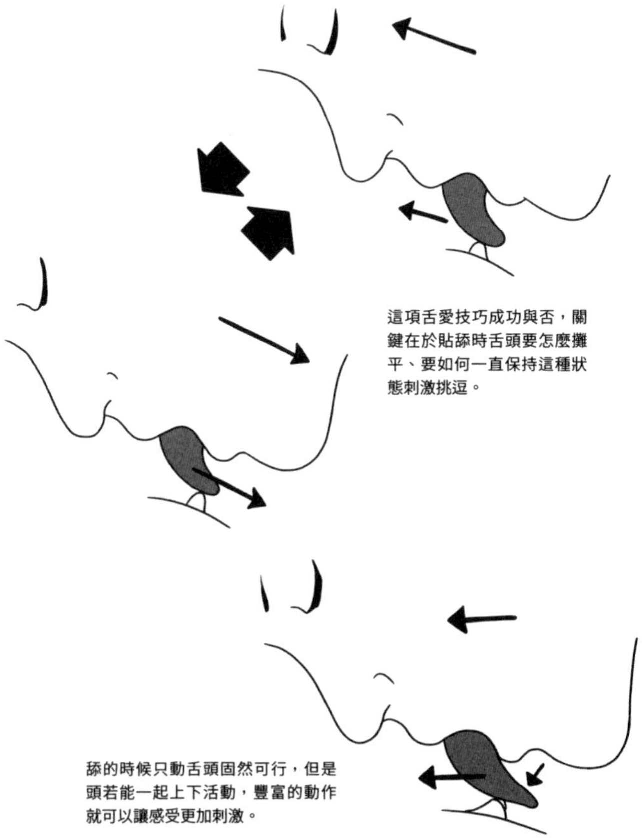

這項舌愛技巧成功與否，關鍵在於貼舔時舌頭要怎麼攤平、要如何一直保持這種狀態刺激挑逗。

舔的時候只動舌頭固然可行，但是頭若能一起上下活動，豐富的動作就可以讓感受更加刺激。

唾液充足，就能夠帶來溼潤順滑的愉悅感。

至於舔的方向——基本上來講，舌頭要從陰道口朝肚臍這個方向往上舔，但是整個頭往下舔（也就是舌頭從靠近肚臍這一側往陰道口舔）這個方法也可以試著挑戰看看。此時伸出的舌頭不須移動，只要頭部和整個上半身動，就可以順其自然地舔舐。除了單一方向，上下交錯舔舐也不錯。

應用技巧方面，一邊舔舐被包皮覆蓋的陰蒂，一邊用舌尖將包皮推開，讓陰蒂露出來也是方法之一。關鍵在於用舌頭表面緊緊壓住包皮。從一開始到中途可能會感受到類似「推送包皮」（參考第20頁）的間接性刺激，不過到了凸起部位露出的後半段，就可以直接刺激黏膜。

應用技巧：不用手指，只用舌頭的力量邊舔邊將包皮推開。若要推開包皮，舌頭勢必要用力壓貼才行。如此一來，就可以順便加強刺激凸起部位的黏膜。但就包皮的結構而言，只有從陰道口這一側朝肚臍方向舔才會有效。

應用技巧升級版：用舌頭內側舔舐，撫弄陰蒂。舌頭背面沒有味蕾，光滑柔軟，和用舌頭表面舔舐的刺激感覺完全不同。因此大家可以挑戰往上用舌頭表面，往下用舌頭背面「來回舔舐」。

貪婪吸吮

PLAY 03

啾啵啾啵地吸吮，利用氣壓變化來愛撫

嘴唇放在陰蒂上，啾啵啾啵地吸吮，以刺激挑逗的愛撫方式。這還是手指絕對派不上用場，只有唇舌才辦得到的陰蒂攻擊法。

其方法是：①推開包皮，露出陰蒂之後，②嘴巴噘成和漫畫一樣的章魚嘴，③將陰蒂放在形狀像吸盤的章魚嘴中間，④吸吮凸起部位。吸吮時可以多花點巧思，看是要輕輕地反覆輕吸，或者是深深地含在嘴唇裡。此外，吸吮時力道也要有強有弱，多些變化。

這項舌愛技巧基本上要在陰蒂勃起或露出的情況之下進行，這樣嘴巴噘起來要吸陰蒂的時候才會比較容易確認位置。若對女性的陰蒂位置瞭如指掌，知道靠近陰裂哪個部位，即是陰蒂尚未勃起，照樣可以重複施展這項舌愛技巧。這樣在吸吮的時候，嘴唇黏膜一定可以慢慢感受到陰蒂的硬挺過程。如果對象的陰蒂已經硬的差不多了，那就唇舌並用，雙管齊下，以口交的方式吸吮也不錯。

技巧變化方面，我們可以故意輕輕吸氣，讓對方心急如焚，也可以在局部黏膜和嘴唇之間留點空間，吸入周圍的空氣。只要打開縫隙，吹進來的風及涼意就會刺激黏膜，帶來有別於貼合狀態的歡愉感受。打開縫隙時只要用力吸吮，應該會大大地發出「噗噗噗」或「滋滋滋」的聲響。只要拋下羞恥心，放膽發出這樣的聲音，就能營造出盡情縱欲的淫蕩氣氛。

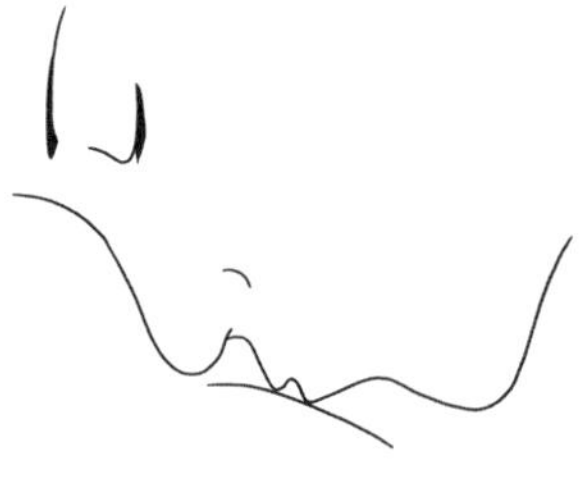

方法・其一

嘟嘴之後，看起來像吸盤的章魚嘴貼在陰蒂周圍，吸吮局部黏膜。用章魚嘴正中央的吸盤捕捉凸起部位是成功的關鍵。不管陰蒂有沒有勃起，都可以用上這項舌愛技巧。

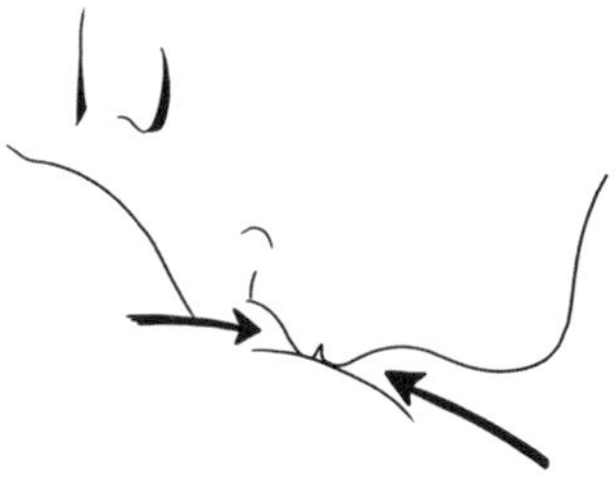

方法・其二

吸吮時嘴唇與局部黏膜之間如果能保留一點縫隙，空氣就能夠從中流竄，進而帶來涼爽的快感。

插圖：戸ヶ里憐

嘴巴嘟成和漫畫一樣的章魚嘴。嘟嘴時如何讓圓圓的嘴唇保持柔嫩，同時又能長久維持這樣的嘴行是勝負關鍵。在吸吮的過程要一氣呵成，毫不間斷。深吸一口氣之後，讓臉靠近又遠離，這樣就可以讓吸力及聲音變化更豐富。

津液潤陰

PLAY 04

塗滿唾液，輕輕按摩

在陰蒂及其周圍沾滿大量的唾液，之後再用舌頭和嘴唇進行摩擦的愛撫方式。滑溜溜的動作，流露出濃濃的潤滑情趣氛圍，更不用擔心會對陰蒂過度敏感的女性造成疼痛。

其方法是：①推開包皮，露出陰蒂之後，②先塗抹滿滿的唾液，③再用舌頭或嘴唇摩擦凸起部位，挑逗刺激。

唾液的塗抹方式可以參考〈輕挑勾舔〉（參見第34頁）或〈忘情舌舐〉（參見第36頁）等舌愛技巧。而最理想的方式，就是一邊用舌頭輕舔，一邊不經意地塗上唾液。只要先用到舌頭或嘴唇塗抹唾液，之後再直接移行到這個方法，這樣就不會浪費時間，更不會破壞氣氛，打壞性致。

陰蒂表面與會接觸到這個部位的舌頭與嘴唇之間要有一層厚厚的唾液。舌頭或嘴唇最好不要緊貼在陰蒂上，這樣這層唾液才能一直留在上面。

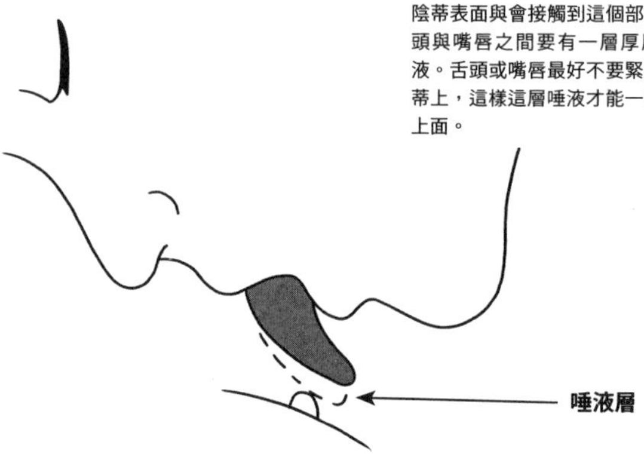

舌頭或嘴唇要是貼得太緊，唾液層就會因為擠壓而變薄，甚至流光，這樣就無法達到潤滑效果。

這項舌技相當注重唾液的溼潤情況。唾液一乾不僅會失去潤滑效果，還會散發出一股詭異的氣味。為了保持滑溜效果，同時避免讓人聞了會皺眉的氣味散發出來，只要舌尖感覺陰蒂好像變得越來越黏甚至整個變乾的話，就要視情況補足唾液。舌舔愛撫時也要特別留意，可別讓舌尖不知不覺地把塗抹在陰蒂的唾液整個舔掉。

這項舌愛技巧還有另一個好處。那就是即使與陰道分泌物較少的女性性交，在插入前只要展現這項舌技，滿滿的唾液就會成為潤滑劑，讓兩人的合體及活塞運動如魚得水，順暢快活。因此在與陰道不易溼潤的女性交合時，一定要善用舌愛技巧。

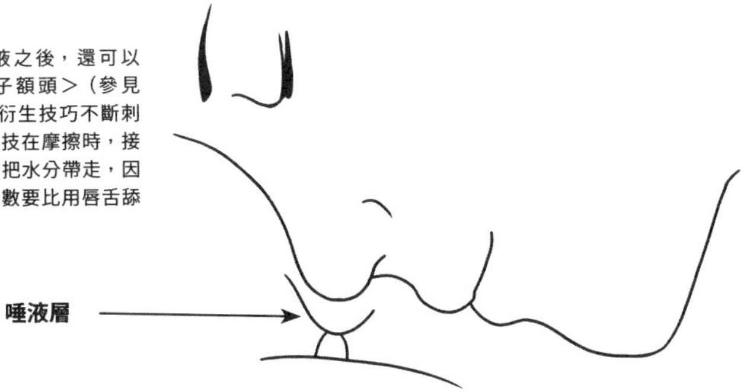

塗上滿滿的唾液之後，還可以搭配＜下巴鼻子額頭＞（參見第106頁）這項衍生技巧不斷刺激。不過這項性技在摩擦時，接觸陰蒂的肌膚會把水分帶走，因此補充唾液的次數要比用唇舌舔舐時還要頻繁。

正式上場之前要先攝取足夠的水分，這樣就能分泌出不會太過濃稠的唾液。想像檸檬或酸梅的畫面也能讓人口水直流，但是千萬不要用口腔或下巴的肌肉硬擠出唾液，因為這樣反而會分泌出氣味濃烈的噁心口水，這點一定要牢記在心。

鳥啄之吻

PLAY 05

彷彿小鳥啄食，輕輕一吻

連續親吻陰蒂，加以刺激挑逗的舌愛技巧。這項技巧可以在氣氛較為輕鬆的情況下進行，就算對方是「對於用唇舌舔舐局部有點排斥」的女性，也一定會毫不抗拒地接受這種愛撫方式。同樣地，對於那些「不太習慣對女性性器進行口交」的主動者來說，也算是一項比較容易挑戰的口交技巧。

其方法是：①推開包皮，露出陰蒂之後，②像鳥啄般噘起嘴唇，③輕啄凸起部位，愛撫刺激。在進行步驟②時，可以想像小鳥的嘴巴；到了步驟③時，就假想自己是小鳥，以啄食的動作來親吻陰蒂。

這項唇技的重點，在於模仿蜻蜓點水，分分又離離。當噘得尖尖的嘴唇快要碰到陰蒂的那一刻就迅速移開，移開之後

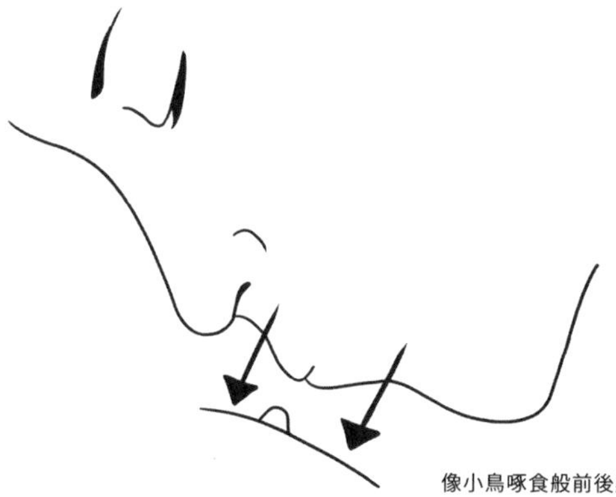

像小鳥啄食般前後點頭，並用噘得尖尖的嘴唇輕碰陰蒂。嘴唇要一直噘起來，頭也要不停地前後移動，重複觸碰／離開這個動作。

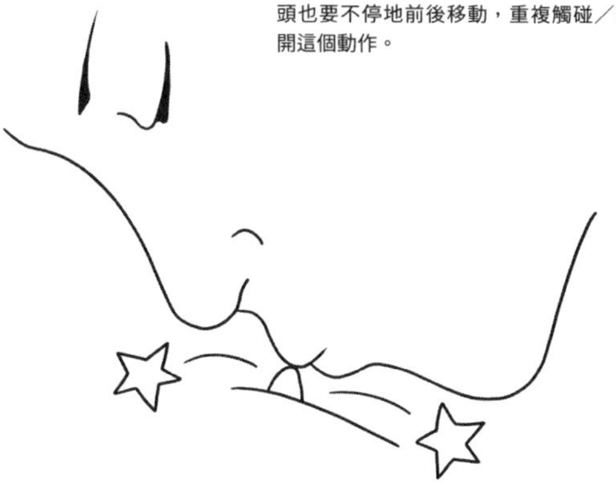

又迅速回來頂住陰蒂。也就是說，這項唇技在重複時動作要快。

只要掌握這個基本原則，日後就能稍加變化應用，讓嘴唇表面緊密貼合在陰蒂上一段時間。陰蒂陷入唇肉之間的溫柔感覺，一定可以給對象帶來歡愉感受。這個時候用噘起的嘴唇啄咬也不錯。倘若對方是一位陰蒂相當敏感的女性，這種被溫柔夾持的感覺一定會讓她意亂心迷。

這項唇愛技巧要不停輕敲凸起部位這一點，算是〈輕碰挑逗〉（參見第18頁）的嘴唇版本，但是動作又像〈輕挑勾舔〉（參見第34頁）。不過嘴唇黏膜比舌尖還要來得柔軟，接觸面也比較廣，應該能給對象一種比舌尖更柔軟、更飽滿的觸感。大家不妨多加留意這點，善加利用這個唇技。

刺激陰蒂的時候不用上下嘴唇之間的縫隙輕啄，翹起嘴巴，隆起唇肉頂住陰蒂這個方法也可試行。感覺就像是要用翹起的嘴唇將凸起部位蓋住就可以了。無論是上唇還是下唇都可以，但肉比較豐厚的那一邊（一般而言是上唇）會比較適合。

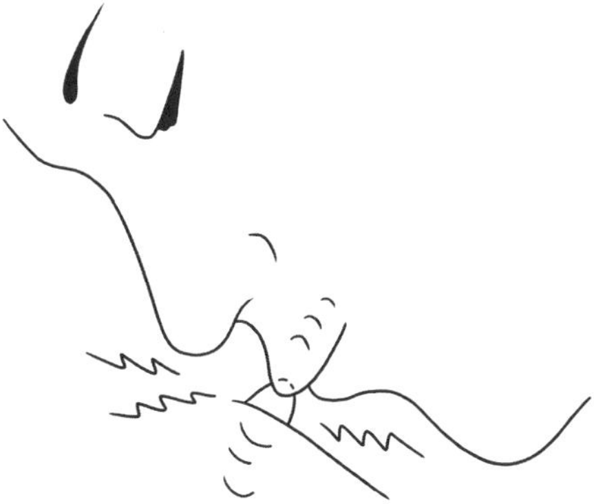

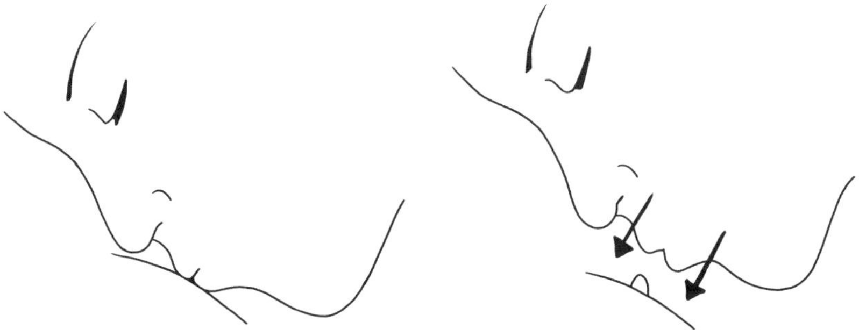

輕輕啄咬。觸碰到陰蒂的那一刻要緊密雙唇，加以按壓。噘嘴啄個不停是重點。

PLAY 06

緣唇黏膜

用光滑的口腔黏膜輕輕愛撫

利用嘴唇內側的口腔黏膜愛撫陰蒂的唇愛技巧。嘴唇內側的黏膜細緻光滑，而且隨時都有唾液保持溼潤，可以滑溜又柔軟地愛撫。

其方法是：①推開包皮，露出陰蒂之後，②露出嘴唇內側的黏膜，③讓兩者的表面黏膜互相摩擦。

嘴唇內側的黏膜相當柔軟，因此觸感會比用手指或情趣用品來得溫柔。若要讓對象確切得到快感，那就要先在步驟①讓陰蒂整個露出來。

這項唇技最大的關鍵，是要如何在步驟②讓唇內黏膜露出來。突出下唇的時候，只要唇邊盡量往下巴靠，這樣應該就可以整個露出唇內黏膜了。可以想像以前年紀小鬧脾氣時，嘴巴翹到被大人嘲笑說「是在吊豬肉嗎？」的樣子。只要像這樣露出口腔黏膜，嘴唇內側的黏膜面就會整個隆起。這麼做的好處，就是可以確實觸摸到柔軟又敏感的陰蒂。

步驟③有兩種方法。A：唇內黏膜以摩擦的方式愛撫凸起部位的表面，B：將豐厚的唇內黏膜隆成小山丘，之後再壓貼在凸起部位上。方式A可以帶給陰蒂傳統的快感，方式B則可為陰蒂帶來柔軟的包覆感。不管採用哪種方式，都要記住一點，那就是愛撫的時候一定要用唾液讓唇內黏膜保持溼潤，以免露出的表面變乾。

所謂的翹嘴臉。下唇內側的黏膜盡量攤平，並且整個露出來。

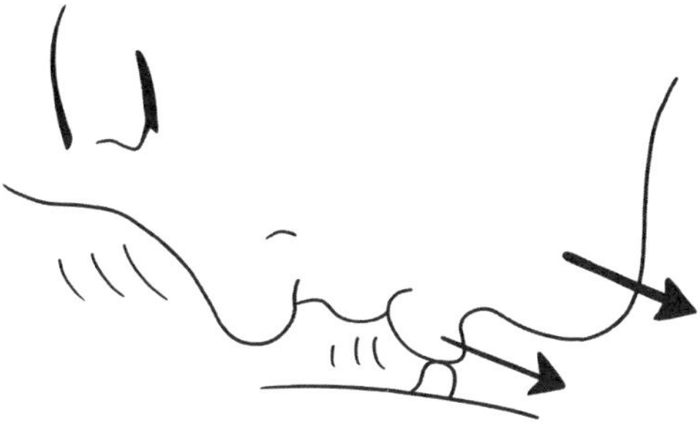

方式A · 摩擦：唇內黏膜緊貼在陰蒂上，盡量保持接觸狀態，只有臉（頭部）移動，以摩擦凸起部位的黏膜。臉部可以上下、左右直線移動，也可以像寫「の」字般在鼻面上轉圈。

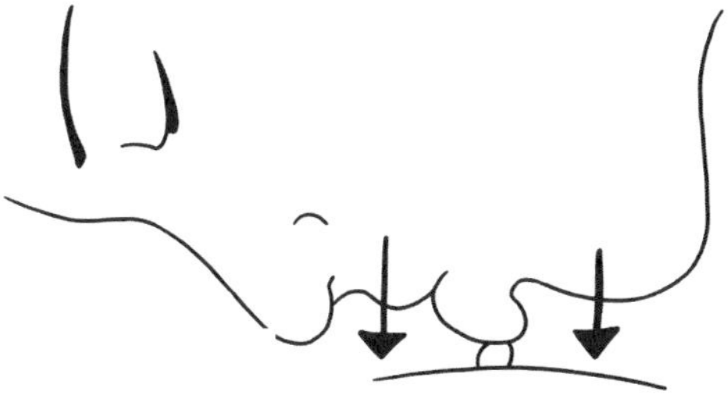

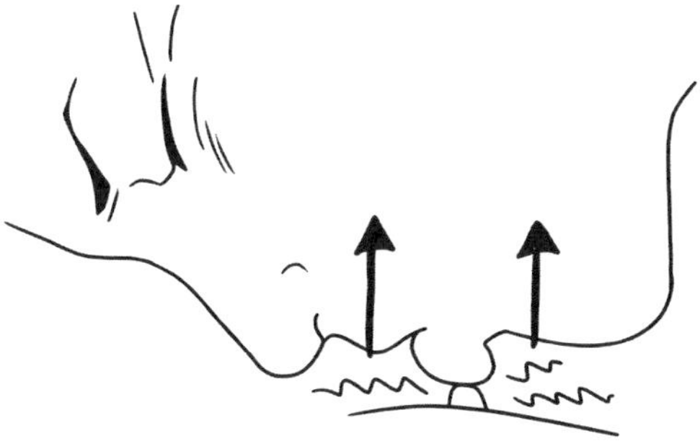

方式B · 按壓：上下按壓，刺激愛撫。可以模仿＜輕碰挑逗＞（參見第18頁）的手指，宛如蜻蜓點水，一碰到陰蒂就離開，或者和＜按壓蒂蒂＞（參見第22頁）的手指一樣，讓嘴唇一直貼在陰蒂上。

PLAY 07

吹送春風

輕吹一口氣，帶來飄然快感

朝陰蒂吹一口氣，借用風壓輕柔愛撫的性愛技巧。

不管是心急如焚的短暫歡愉，還是強如颶風的亢奮狂喜，都可以藉由風壓的強弱來調整及塑造。採用這項技巧的主動者不會直接接觸到受動者女性，所以不管是口交初學者情侶，甚至是身為受動者的女性局部尚未清潔的情況之下，也能模擬情境，享受舔陰樂趣。

其方法是：①推開包皮，露出陰蒂之後，②對準凸起部位吹氣就可以了。

只要嘴巴噘得越小，讓吹出的氣越細，就越能集中攻擊，而且還能吹出強勁的風。相反地，嘴巴張的越大，吹出的空氣範圍就會越廣，如此一來風壓也會跟著減弱。

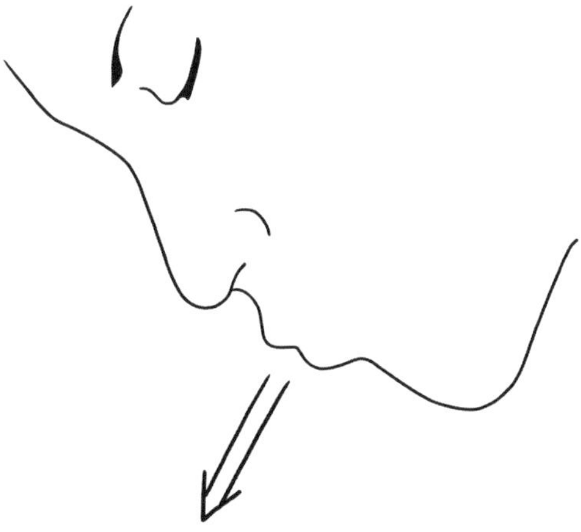

噘起嘴唇，「呼」地吹出一口細細的氣。嘴巴噘得越小（＝吹氣口小一點），吹出的氣就會越細。

基本上來說，吹出的氣只要越細，對象就會越亢奮，但在寒冷的地方使用這項性愛技巧時，刻意吹出大範圍的輕柔氣息也不錯，而且吐出的溫暖氣息還能讓緊張的僵硬肌肉（尤其是鼠蹊部的肌肉）和心靈變得柔和。

愛撫時如果要讓吐出的氣精準吹在陰蒂上，不妨考慮用一些輔助工具，例如將吸管或捲成圓筒狀的紙叼在嘴裡吹。不管是吸管還是紙管都一樣，短的吹出的氣一定會比長的更細、更強。吹氣口如果能摺得細一點或壓扁後再來吹的話，同樣也能瞄準目標，吹出強勁的細風。

嘴巴張得越大，吹出的空氣就會越平穩溫和。只要在寒冷的季節或地方採用這個性愛技巧，就能讓局部和心靈都倍感溫暖。

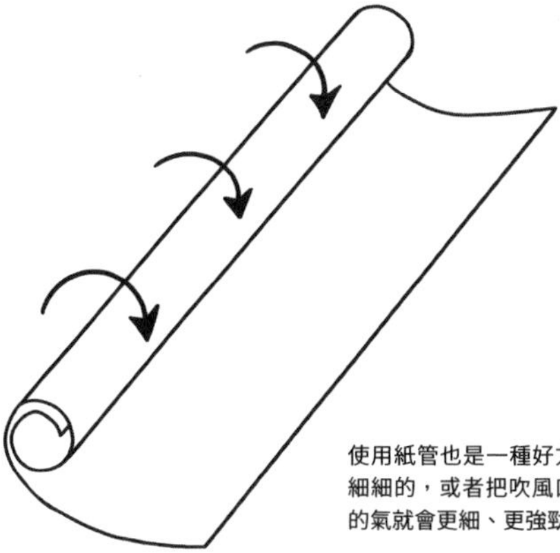

使用紙管也是一種好方法。只要將整個紙管捲得細細的，或者把吹風口扭得細一點，這樣吹出來的氣就會更細、更強勁。

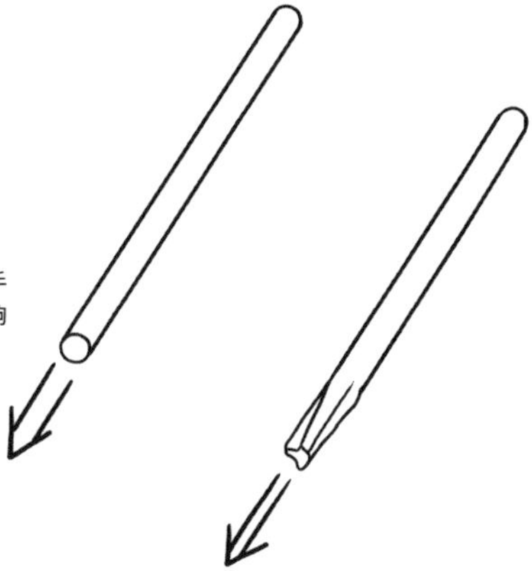

手邊如果有吸管也可以善加利用。只要用手指將出氣口壓扁，就算正常吹氣，照樣能夠吹出細細的強風。

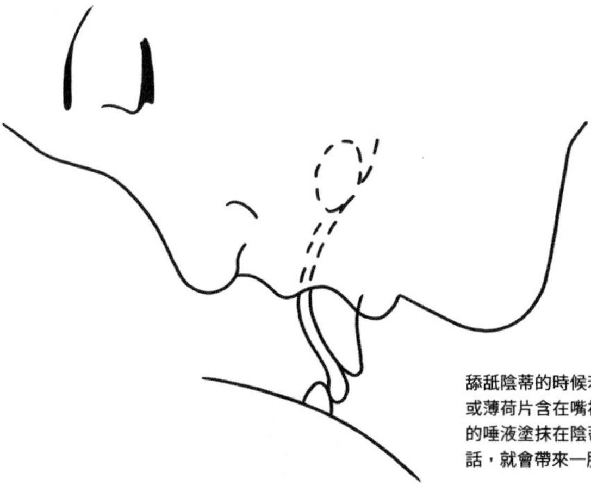

舔舐陰蒂的時候若將含有薄荷成分的糖果或薄荷片含在嘴裡，或者將帶有薄荷成分的唾液塗抹在陰蒂上，接著再吹一口器的話，就會帶來一股清涼的感覺。

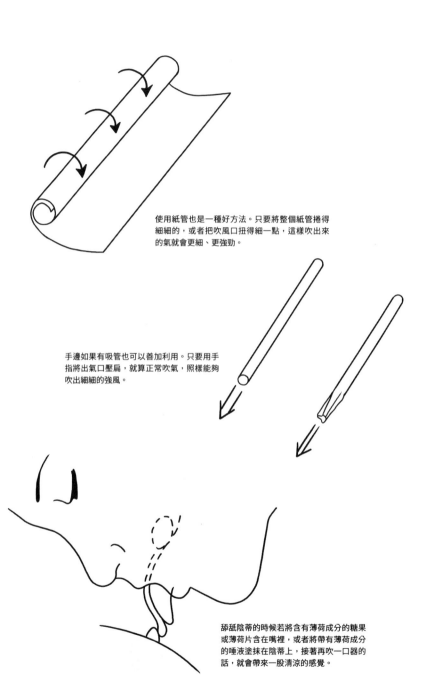

插圖：羅ぶい

入侵陰宮

PLAY 08

讓舌頭強行滑入閉合的陰裂裡

將舌尖鑽進閉合的陰裂（也就是俗稱的「維納斯裂縫」、「小穴」）裡的陰蒂愛撫法。

其方法是：①舌頭整個吐出來，②舌尖靠近閉合的陰裂口，③從可能埋沒陰蒂的裂縫處鑽進去，④只要感覺到有東西凸起，⑤就讓舌尖緩緩游移。

每個步驟的重點如下。

步驟①：舌尖要保持硬挺。太軟的話會輸給陰裂的閉合力，無法如願鑽進內部。

步驟③：就算無法一摸就中也沒關係。只要上半身探向陰裂，讓舌尖在縫中上下游移，慢慢探索陰蒂就可以了。要是一摸就中，說不定還會為對象帶來一股別有天地的驚喜快感呢。

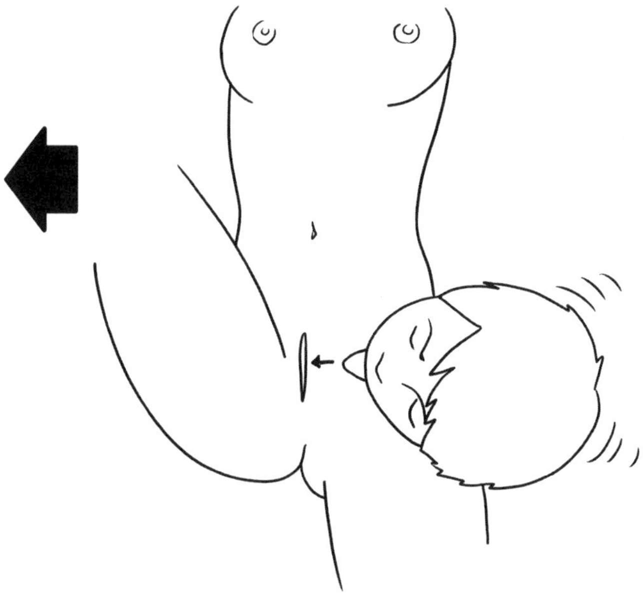

舌頭整個伸出來，靠近閉合的陰裂處。只要將對方的雙腳拉開到裂縫快要打開的程度，舌尖就會更容易入侵，而女性也可以在放鬆的姿勢之下，享受舌尖游移時所帶來的舒適快感。

步驟⑤：基本原則就是想像用舌尖把陰蒂翻過來。

這項舌愛技巧不僅涉及陰蒂，還包括了大陰唇、小陰唇以及陰阜表面的肌膚，也就是在整個陰裂上側進行愛撫。在愛撫陰唇等其他部位時，舌尖難免會毫不自覺地觸碰到其他部位。換句話說，這項技巧的攻擊範圍一定會分散。不過危機就是轉機，即使對方是一位陰蒂非常敏感，直接攻擊只會帶來疼痛的女性，也能在不覺痛苦的情況之下長時間享受愛撫。不僅如此，對於有S傾向的主動者來說，這項舌技不僅可以享受入侵陰縫的樂趣，就連有M傾向的受動者女性也能沉浸在被侵犯的歡愉之中。即使是沒有這種嗜好的情侶，也可以把這項舌技當作性愛遊戲，樂在其中。

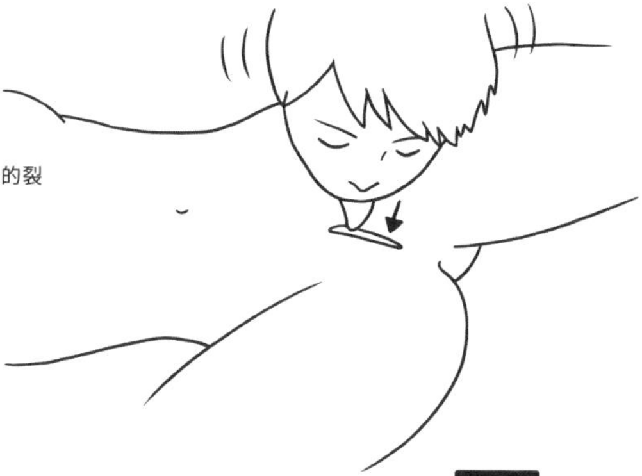

舌尖伸入陰蒂可能被埋沒的裂縫中。

伸入深處之後，若是摸索到陰蒂的話……。

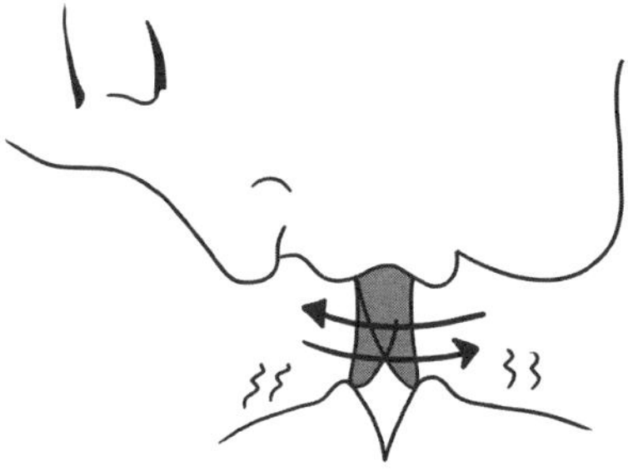

就讓舌尖不停游移，在裂縫深處翻弄。

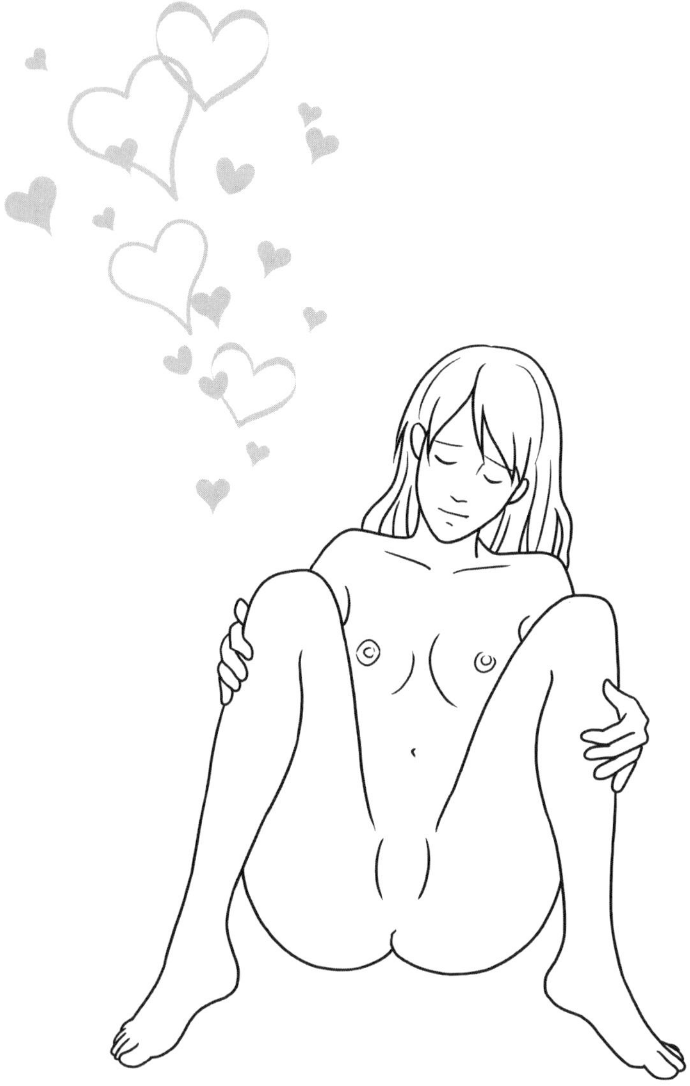

張腿的方式和〈揉捏玄圃〉（參照第28頁）一樣，身為受動者的女性也可以模仿M字腿的姿勢，將大腿張開之後再自己抱住。雖然這樣的姿勢會讓裂縫上方的肉隆起，增加侵入的難度，卻能大幅提昇挖掘搔弄的樂趣。

插畫：烏丸やよい

親密甜咬

PLAY 09

用門牙溫柔叼起凸起部位輕啃

門牙非常溫柔地叼起陰蒂輕咬的咬咬技巧。

其方法是：①推開包皮，露出陰蒂之後，②用門牙輕咬刺激。

這項技巧要特別注意下巴（牙齒）所施展的力道。總之越輕柔越好。

下巴的力道通常會比想像的還要大，就算覺得自己力道已經很輕了，有時還是會不小心用力過度，所以千萬不要隨便開玩笑，狠狠咬下去喔。

這項技巧與其說是「咬」，不如說是「夾住壓迫」，或者是用門牙輕搔陰蒂表面。

也就是類似〈彈指逗弄〉（請參照第26頁）的手法，但用的不是指甲尖，而是門牙前端。

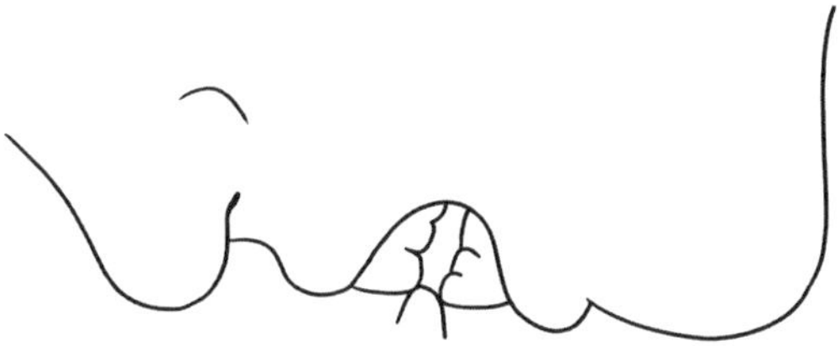

上下門牙輕輕夾起凸起部位，輕盈溫柔地按壓。

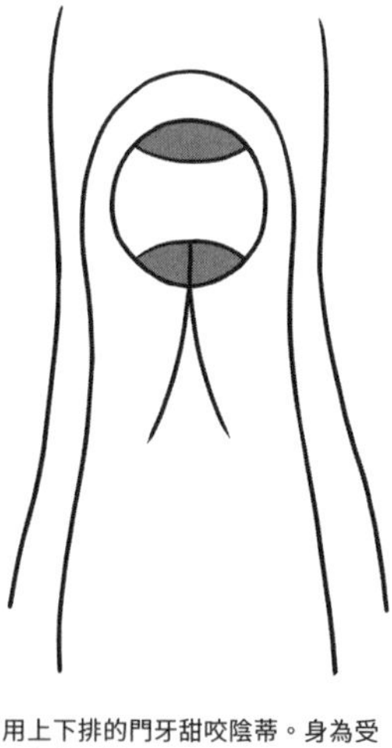

用上下排的門牙甜咬陰蒂。身為受動者的女性陰裂方向與主動者的嘴唇成垂直狀態。

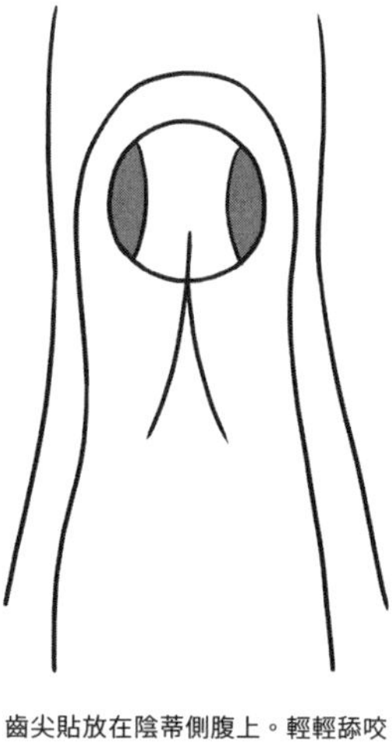

齒尖貼放在陰蒂側腹上。輕輕舔咬時，身為受動者的女性陰裂與主動者的嘴唇方向平行重疊。

剛開始時如果還不習慣，那就從覺得「會不會太輕？」這種程度開始，之後再一邊觀察情況，一邊慢慢加強力道。

如果是性技熟練的人，那就可以試著挑戰將陰蒂卡在上顎門牙的齒縫（落差）之間，之後再用舌頭彈動的特別齒技。這是用門牙輕輕地壓住陰蒂，之後再用溼潤柔軟的舌頭彈動敏感的凸起部位，算是一種應用技巧。硬度（牙齒）與柔軟度（舌頭）的和諧搭配，是這項齒愛技巧的獨特之處。如果對方是陰蒂快感充分得到開發的女性，這項技巧一定可以發揮重量級的亢奮效果。只要好好學，大家就可以驕傲向世人宣布「我對陰蒂口交可是瞭如指掌呢」。

進階技巧：將陰蒂固定在兩顆上門牙之間的「凹陷」處……。

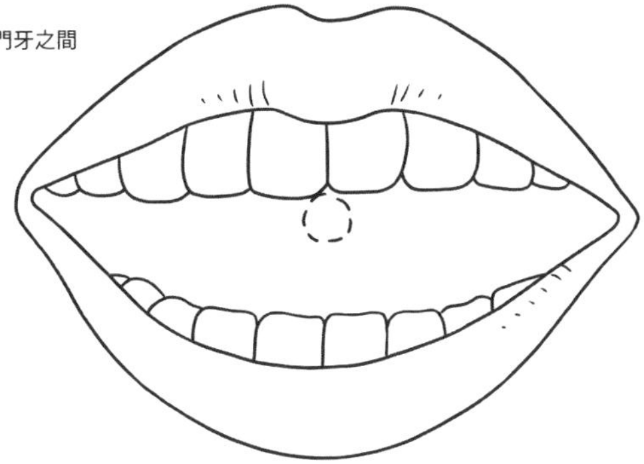

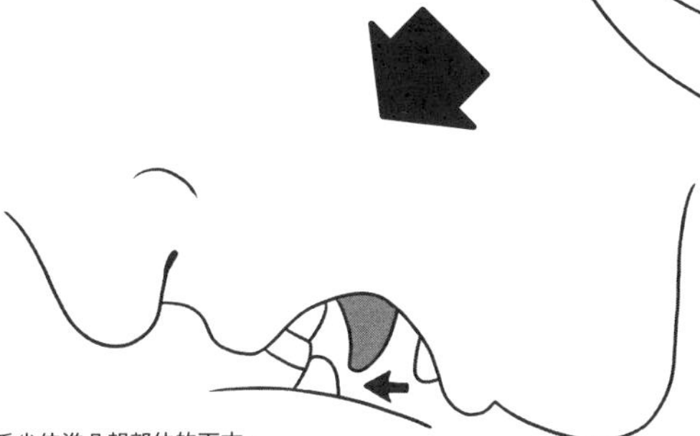

舌尖伸進凸起部位的下方。

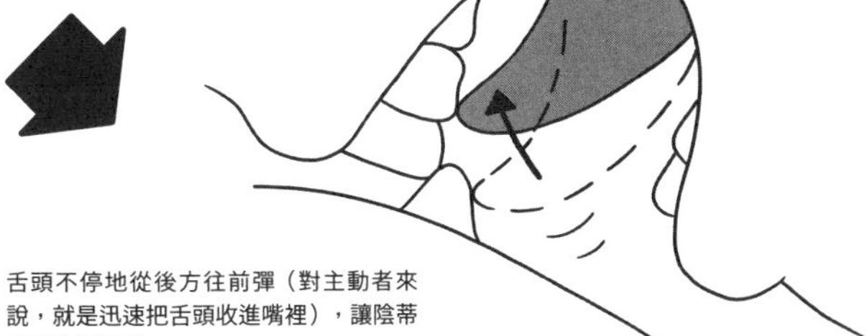

舌頭不停地從後方往前彈（對主動者來說，就是迅速把舌頭收進嘴裡），讓陰蒂來回歡舞跳動。

推開包皮的方法・高級篇

當我們的技巧已經熟練到如行雲流水，能夠迅速讓陰蒂露出來時，那就再多加一些特別又刺激的花樣來挑逗吧。例如，讓對象用自己的手指推開包皮，這樣主動者就可以發動嗜虐般的攻擊，讓身為受動者的女性對於受虐的情慾期待不已。如此一來，主動者就可以善用空出的雙手，一手刺激陰蒂，一手愛撫乳房、乳頭及肛門，整個局面可說是占盡優勢。

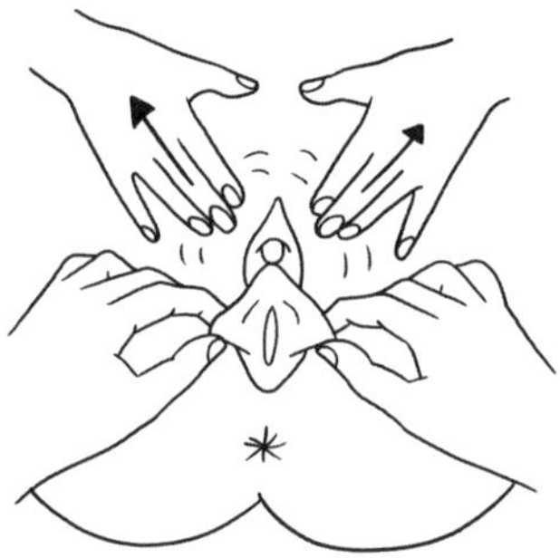

在身為受動者的女性自行將陰裂推開，露出陰蒂的同時，主動者可以幫忙拉開小陰唇，讓整個陰道裸露出來。這就是主動者與身為受動者的女性攜手合作的性愛共業。

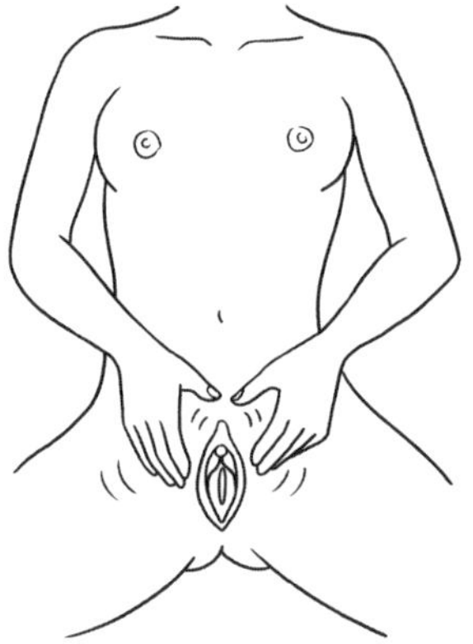

讓女性自己推開包皮露出陰蒂最大的好處，就是主動者的雙手可以自由活動，為所欲為。只要讓對方自己推開包皮，陰唇也順便朝左右拉開露出陰道口的話，還能增添幾分羞恥PLAY的樂趣呢。

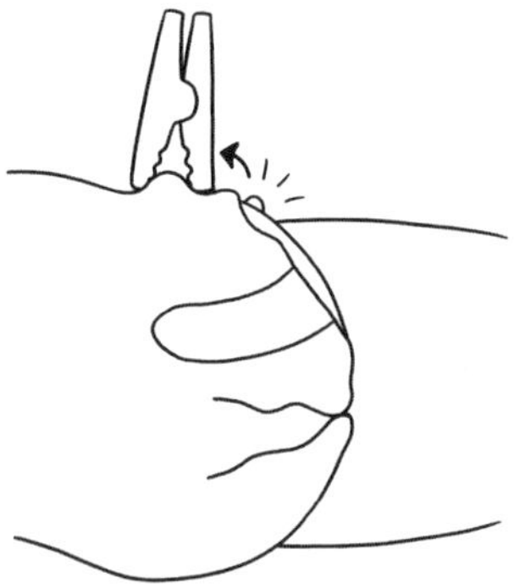

用洗衣夾夾住陰裂上方的肉，進而拉開包皮，露出凸起部位。肉夾的多一點是訣竅。

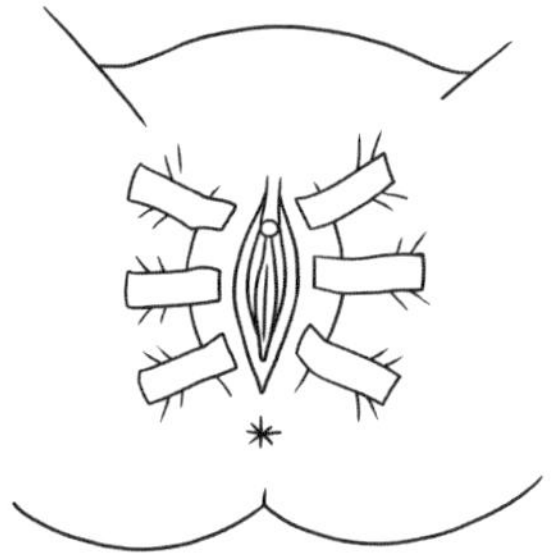

貼上膠帶，拉開包皮，露出陰蒂。這樣不僅可以讓凸起部位長時間裸露，主動者與身為受動者的女性雙手也可以自由活動。

第3章

麻辣指愛

指捏撫撩

PLAY 01

輕輕捏住迸出的凸起部位

手指捏著陰蒂愛撫的指愛技巧。人就是這樣，只要看到有個小小的東西突出來，就會忍不住想要去捏一下。而這項指愛技巧，就是利用這種堪稱本能的自然舉動來愛撫陰蒂。

方法很簡單，指尖捏著陰蒂就可以了。

這項技巧用食指和中指會比較順手。可就是因為太過順手，有時力道會不小心大了一些，讓對方女性嬌喊會痛。如果是這樣，捏的時候不妨改用大拇指與中指，或者是大拇指與無名指，甚至是大拇指與小指都可以。

捏著陰蒂之後，接下來搭配的絕技也相當豐富。

這項技巧基本上要一直捏著陰蒂，指

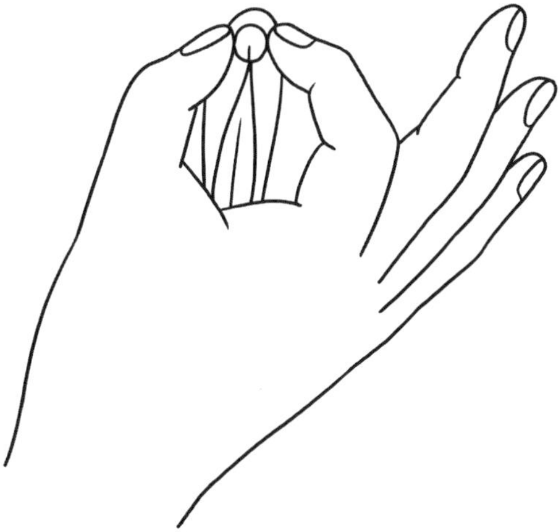

指腹貼放在陰蒂山腹兩側是基本動作，而且用大拇指和食指捏會比較順手。有沒有連同包皮一起捏都可以，但如果要連包皮一起刺激的話，以拉扯包皮的方式捏住陰蒂或許會比較好。

尖一下子用力，一下子放鬆，不停地揉捏按摩，壓迫刺激就可以了，算是〈按壓蒂蒂〉（請參照第22頁）揉捏版本。

我們也可以直接捏著陰蒂拉扯，不過這時要配合對方女性對陰蒂快感的熟悉程度，看是要輕輕揉捏，還是稍微用力推拉，總之力道要視情況調整。指尖捏著陰蒂拉到某個高度時，也可以自然鬆手。另外，捏的時候力道要盡量弱一點，這樣指腹就可以針對表面黏膜左右摩擦，也不會拉扯到凸起部位。

捏住陰蒂之後可以先靜止不動。這樣主動者不僅可以用指尖感受陰蒂的溫度，身為受動者的女性也可以透過陰蒂感受指尖的溫度，進而孕育出平穩又溫暖的亢奮感受。如果對方是一個喜歡被虐的女性，也可以稍微捏一下陰蒂。這種會讓人痛到跳起來的衝擊，說不定會換來愉悅的淫叫聲呢。

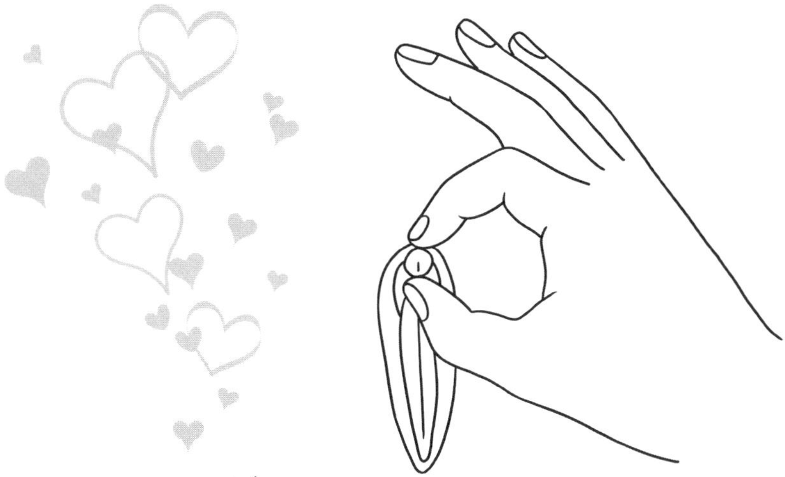

上下捏著陰蒂輕輕按壓也不錯。

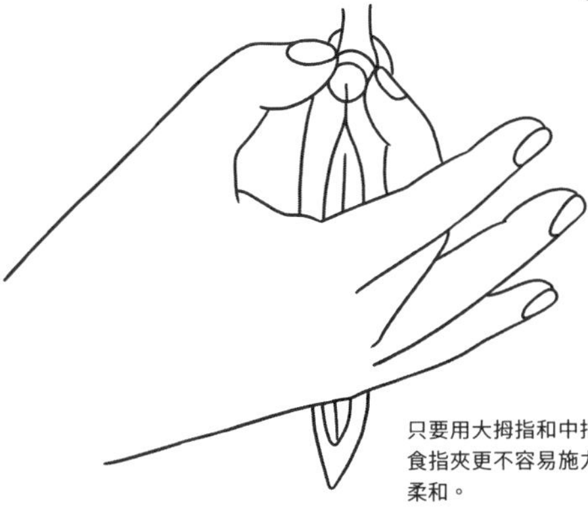

只要用大拇指和中指捏住陰蒂，就會比用大拇指和食指夾更不容易施力，如此一來力道當然就會比較柔和。

用大拇指和無名指捏的話，力道
就會更弱。

如果是大拇指和小指的話，整個感覺就會非常柔和。手勁太強或者是手指不是非常靈活，動不動就捏得太過用力的人只要改用這種方法，就不用擔心會弄疼對方了。

插畫：戸ヶ里憐

金指抽送

PLAY 02

推推送送，打手槍的迷你版本

指尖捏起陰蒂，模仿男性自慰的基本方法（也就是所謂的「打手槍」）抽送刺激。當對方女性已經進入亢奮狀態之後快速抽送陰蒂的話，帶領對方進入高潮絕非難事、在前戲中堪稱絕招的指愛技巧。

其方法是：①指尖捏住陰蒂，②從根部向頂端移動之後，③立刻拉回根部，④接著又再次朝頂端推送。之後專注精神，重複步驟③到④的指尖抽送運動即可。

這項技巧不僅可以讓陰蒂體會到被包皮覆蓋的快感，還可以享受到包皮推開後所帶來的刺激感受。陰蒂包覆在包皮底下時是〈推送包皮〉（參考第20頁）的重口味版，可以帶來酥軟的快感；包皮若是推開，露出陰蒂直接愛撫的話，就能帶來強勁又刺激的快感。

總之不管有沒有包皮，都可以讓女方絕頂升天，因此大家可以根據操作的方便性及喜好善加選擇。

手指來回抽送是基本原則，但在應用上亦可單向移動。例如捏住包皮的指尖直接從根部將其推向頂端，並準備返回根部時鬆手放開陰蒂，等到手指回到根部後再次捏住，一樣以捏住的狀態將包皮推送到頂部……也就是迅速單向重複摩擦陰蒂。單向摩擦時若是剛好碰到情慾觸點，搞不好可以為女方帶來一種宛如觸電、極度強烈的快感。

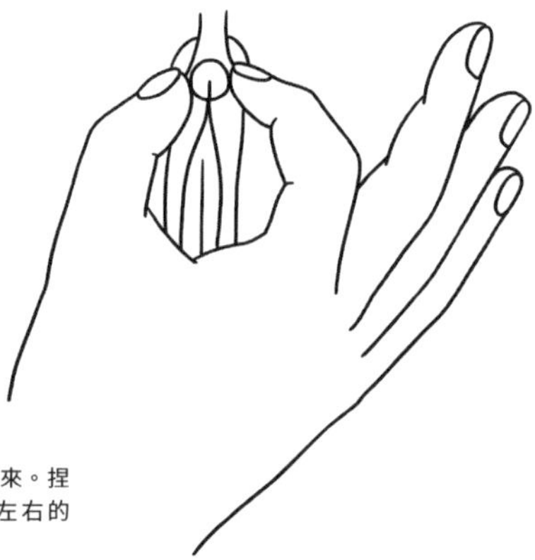

指腹貼放在陰蒂左右兩側後捏起來。捏住上方或下方也可以，但捏住左右的話，效果會比較明顯。

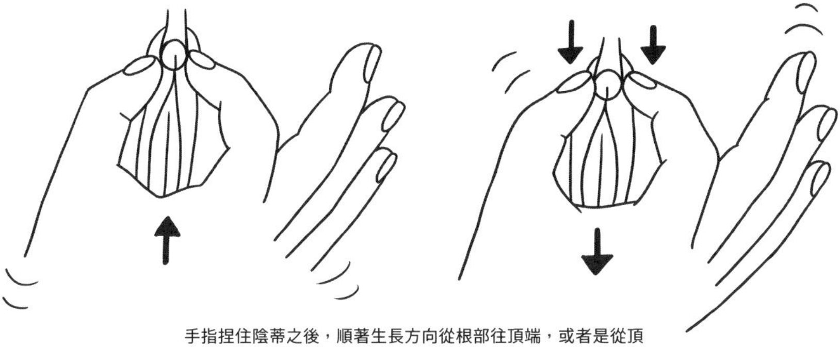

手指捏住陰蒂之後，順著生長方向從根部往頂端，或者是從頂端往根部上下搓揉。

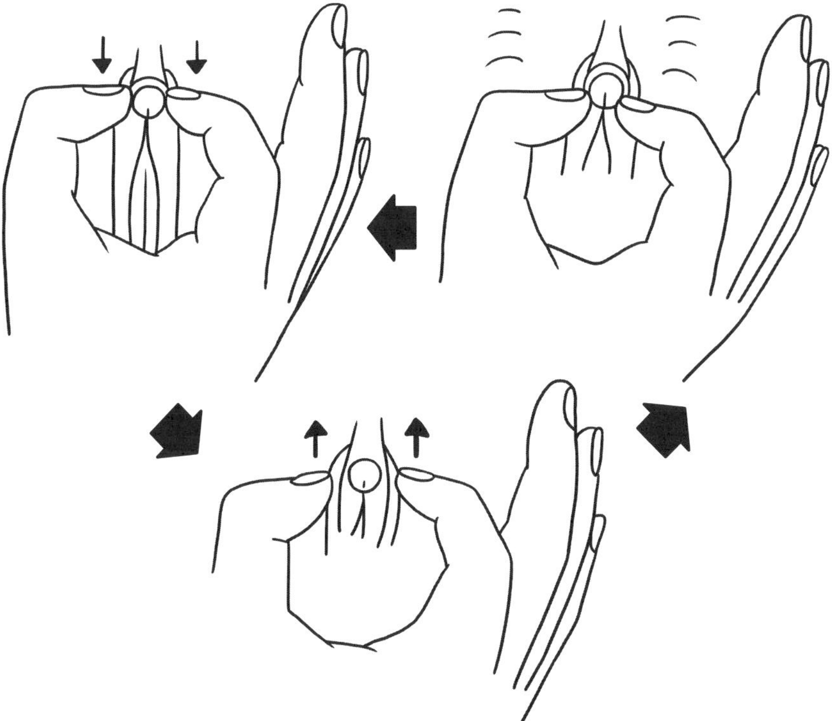

應用技巧方面，也可以只朝同一個方向推送。圖片示範是從根部朝頂部這個方向不停地往上推送。只有在從根部往頂部搓揉的時候才需要用手指觸摸凸起部位。手指準備從頂部拉回根部時要先鬆手，待回到根部時再觸摸凸起部位，並一邊往頂部這個方向搓揉，一邊摩擦黏膜。

陰戶深根

PLAY 03

如文字所示，集中攻擊根部凹陷處的情慾觸點

刺激陰蒂快感的隱密觸點，也就是凸起部位根部凹陷處的愛撫方式。

其方法是：①食指伸直，其他手指微微彎曲之後，②將伸出的食指指尖貼放在陰蒂根部，③移動指頭（或整個手腕以上的部位）愛撫刺激。

這項技巧成功與否的關鍵，在於步驟③的刺激方法。這個部分大致可以分為四種方式。

方式A：指尖不停地戳。

方式B：指尖頂住陰蒂根部，埋入黏膜之中後從手腕到指尖整個震動，以顫動的方式來刺激。

方式C：指尖略呈鉤狀，不停地彎曲拉伸，像搔癢般挑逗刺激。手指的動作就像招財貓的手，微微地做出「過來、過

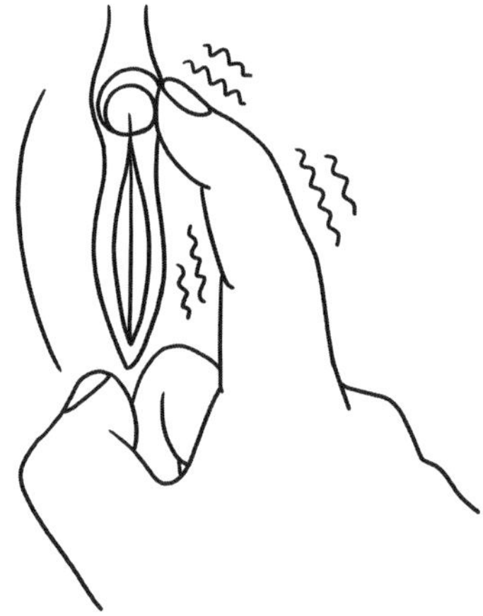

只要有一根手指伸直靠在陰蒂根部就好，其他的稍微彎曲即可。除了陰蒂根部這個點，其他地方盡量不要讓手指碰到，好讓女性能集中精神在受挑逗的攻擊點上。

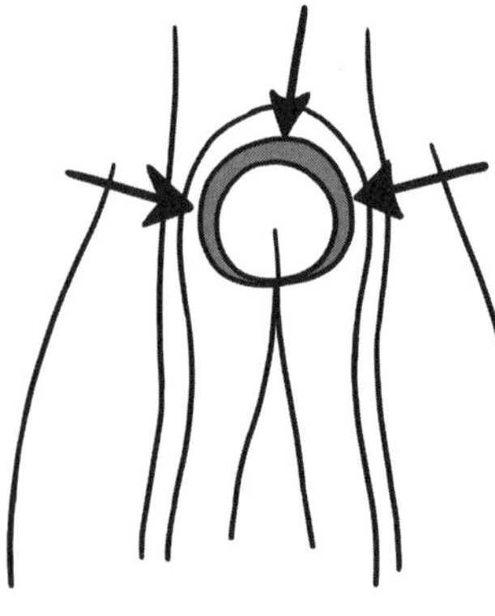

用箭頭及灰色部分圖示的地方是陰蒂根部的情慾觸點。所以指尖要貼放在這裡。

來」的動作。迅速微幅移動是關鍵。因此採用這個技巧時要記住一點，那就是只有手指的第二關節可以動。

方式D：以摳的方式挑逗刺激。指尖像是要深摳陰蒂根部的肉，或者摳出陰蒂般不停轉動。方式C是只有指尖在動，而這個方式則是只動整個手腕，關節並不動。不用說，動作越大，刺激當然就越強烈，這樣就會帶來清楚又明確的快感。

只要隨意組合這四種方式，攻擊挑逗的時候變化就會更加豐富。

方式A：用戳的方式挑逗刺激。

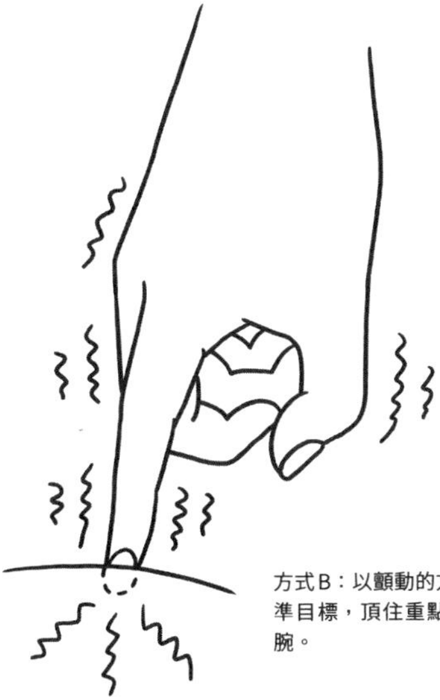

方式B：以顫動的方式挑逗刺激。指尖瞄準目標，頂住重點之後，再震動整個手腕。

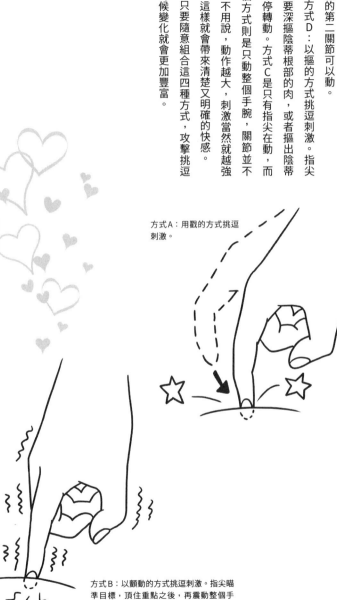

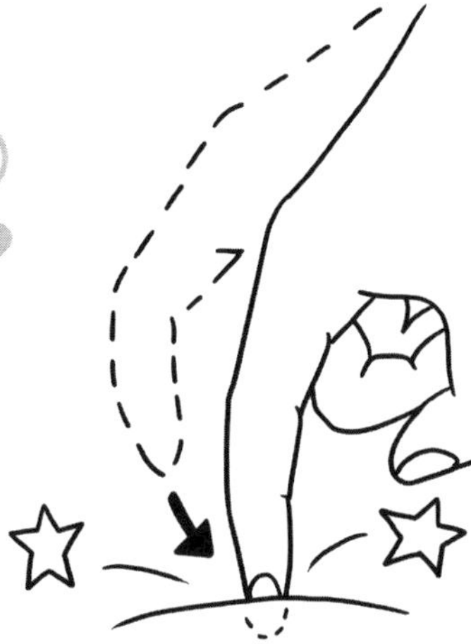

方式C：用「過來、過來」的手勢搔弄愛撫。手指的第二關節彎曲，指尖略呈鉤狀，不停地彎曲拉伸，像搔癢般挑逗刺激。

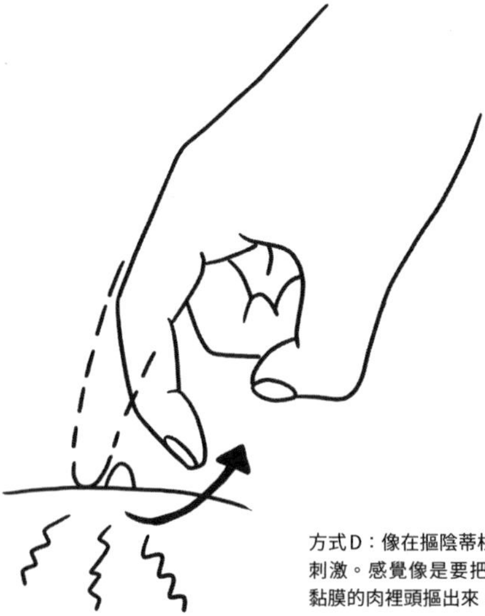

方式D：像在摳陰蒂根部的肉一樣愛撫刺激。感覺像是要把凸起部位從局部黏膜的肉裡頭摳出來。

插圖：大山樹奈

彈指淫功

PLAY 04

彈動敏感的凸起部位，讓電流在女性背部流竄

用手指輕彈陰蒂，挑逗刺激的指愛技巧，可以在那一瞬間帶來強烈的快感，讓身為受動者的女性體會到一股強烈如電流四處流竄的亢奮感受。

其方法是：①讓女方張開大腿，②確定陰蒂的位置之後，③手從稍高的位置往下揮動，④讓指尖擦彈陰蒂。

在步驟①張開女性大腿的目的，是為了讓步驟②更容易進行，同時確保手的活動空間。因此女方要盡量張開大腿。

步驟③在進行的時候手掌要放鬆，自然張開。用力的話指尖會變得僵硬，這樣女性的陰蒂被手指揮到時反而會疼痛不已，無法體會快感所帶來的愉悅。就算對方要求「再用力一點」，手勁也不要因此加強，而是要甩手加快彈動的速度。手往

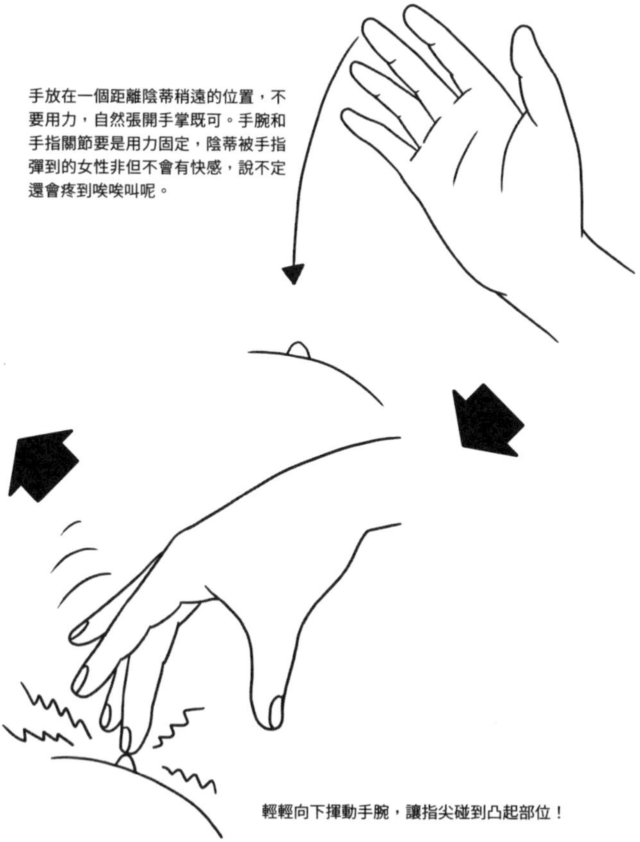

手放在一個距離陰蒂稍遠的位置，不要用力，自然張開手掌既可。手腕和手指關節要是用力固定，陰蒂被手指彈到的女性非但不會有快感，說不定還會疼到唉唉叫呢。

輕輕向下揮動手腕，讓指尖碰到凸起部位！

下甩動的位置，具體來說距離陰蒂約二十公分會比較妥當。太靠近的話，彈動時會浪費力氣，但太遠（＝太高）的話，彈動的力道又會太過強烈。

步驟④要用指腹觸碰陰蒂。指尖只要彈到凸起部位的頂端就可以鬆手。不過甩手的時候要注意，千萬不要讓指甲抓傷陰蒂。

陰蒂被包皮蓋住也可以使用這項指愛技巧，但是包皮如果能夠推開，讓陰蒂露出來的話，帶來的效果會更好。除了連續施展這項指愛技巧，在利用其他技巧愛撫陰蒂的過程當中也可以交互搭配，進而勾出更強烈的反應。

就算碰到陰蒂，手也不要停下來，要自然地繼續擺動。要是刻意停下來，反而會讓動作變得笨拙。

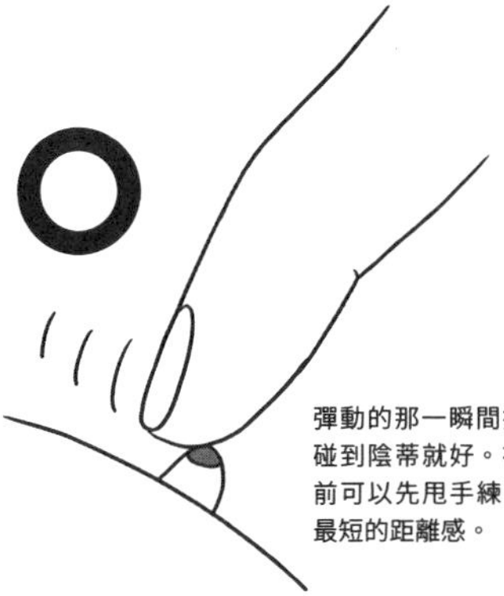

彈動的那一瞬間指尖只要稍微碰到陰蒂就好。在進入實戰之前可以先甩手練習，盡量牢記最短的距離感。

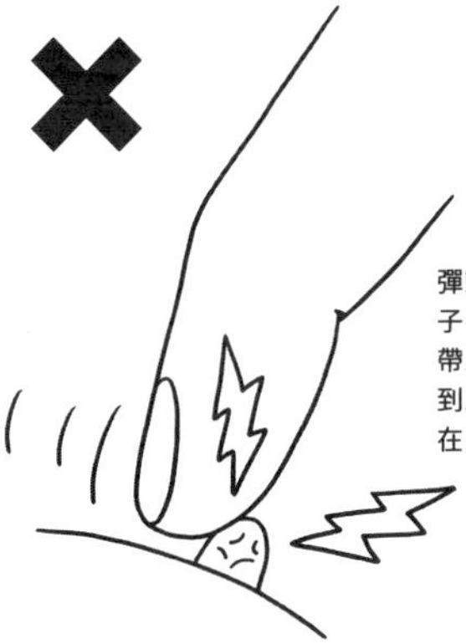

彈動陰蒂時距離不夠好的例子。打到的地方要是太深，帶來的效果恐怕會讓女方痛到跳起來，所以要盡量維持在「擦到就好」的程度。

掌壓金溝

PLAY 05

用豐厚的手掌擠推&按壓

用手掌隆起的肉來按壓刺激陰蒂的掌愛技巧。

「手掌隆起的肉」指的是大拇指隆起的一整個部位，是整個手掌肉最豐厚的地方，只要大拇指伸展的方式（角度）不同，就可以根據喜好調整隆起的高度及肉的厚度。就算用力過猛，柔軟的肉也會凹陷吸收衝擊，不會帶給女方劇烈疼痛。

而這一節要介紹的掌愛技巧，就是要將這塊隆起的肉壓在陰蒂上愛撫刺激。不管是慢慢施壓，還是一口氣按壓，都可以自由調整速度，讓性愛技巧充滿變化。

另外，按壓的時候也可以反覆輕壓、一次深壓。如果只按壓一次，也可以短暫按壓之後立刻鬆手，或者反向操作，持續按壓數秒至數十秒不等，總之次數及時間都可以善加利用，讓刺激多一些變化。

此外，無論是反覆輕按多次、或只壓一次，都可以縮短按壓時間並立即釋放力道，或者相反地持續數秒至數十秒的加壓時間，以改變刺激的頻率和時間。

這項性愛技巧當然也可以只用手掌。若想讓效果更好，按壓的同時不妨將手指插入陰道，也就是搭配指交這個技巧，雙管齊下。此時先將中指、食指及無名指中的兩根或三根手指一起插入陰道，用指尖在陰道內部翻攪的同時，再用同一隻手的大拇指根部按壓陰蒂。

搭配插入就可以對陰道內壁和陰蒂這兩個性敏感帶進行多重攻擊。除此之外，另一個好處就是插入陰道的手指還可以扮演船錨的角色，讓手掌更加穩定。

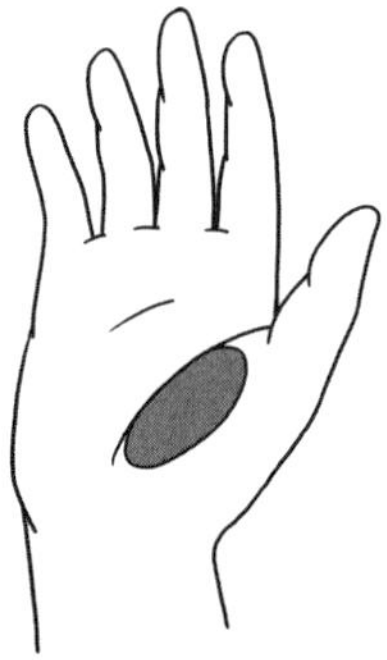

用手掌肉厚的部位（灰色部分）按壓，給予陰蒂柔軟且有彈性的觸感。

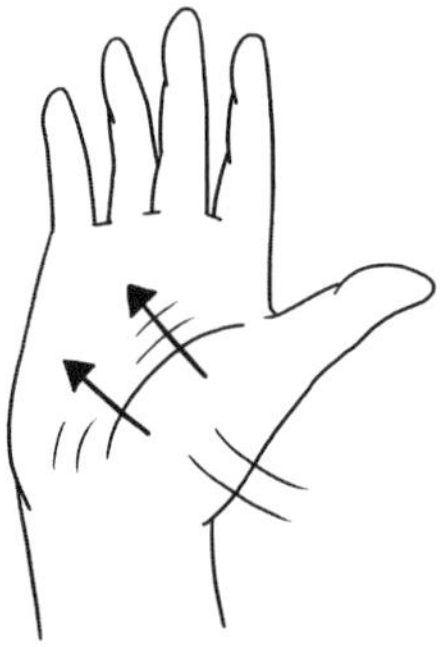

大拇指靠向中指，讓根部的關節彎曲，如此一來根部就會隆得更高，讓肉聚在一起，柔軟度也會跟著增加。

插圖：羅ぶい

一邊將中指插入陰道中，一邊按壓手掌肉厚部位也是方法之一。只要不停地彎動手腕，手掌就會比較容易按壓，手指在刺激陰道內部的時候也會比較順暢。

PLAY 06

關節磨蹭

用手指關節摩擦，體會粗獷的感受

用手指關節摩擦陰蒂，愛撫刺激的指愛技巧。只要善用粗糙的手指關節刺激，就讓女方感受到有別於柔軟指腹的粗糙快感。

方式大致可以分為三種：A：擠壓，B：磨蹭，C：敲打。

在方式A中，①突出的手指關節碰到陰蒂之後，②輕輕壓迫，③並在適當的時機放鬆手臂的力量，解除壓迫。之後繼續重複步驟②~③，直到對方性滿意足為止。這項技巧的重點，在於關節碰到陰蒂之後就不可以鬆手。手掌的話可以放鬆張開，或者輕握拳頭彎曲手指，讓關節整個凸出來也可以。

方式B要用突出的關節摩擦陰蒂的表面黏膜。大家可以一邊回想第一章〈溫柔

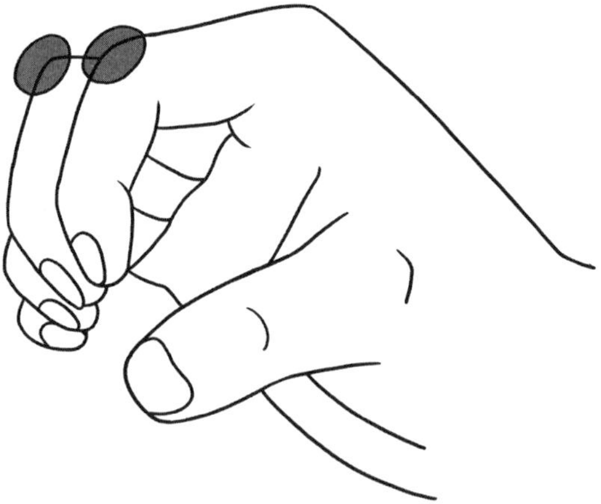

基本的手勢有A：自然張開手掌、B：稍微彎曲手指（見圖）、C：握緊拳頭這三個。至於關節突出的弧度，A最平坦，再來是B，最為明顯的是C。只要關節突出的越大，粗糙的感覺就會越明顯。這項技巧的帶來的觸感雖然堅硬粗糙，卻不用擔心會和指甲一樣刮傷對方，施展時幾乎是毫無後顧之憂。

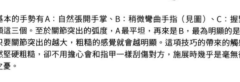

指愛〉在一開頭的〈溫柔圈愛〉（參見第14頁）中教導大家的指尖動作，一邊在凸起部位的表面愛撫摩擦。

接下來是方式C。在用手掌拍打整個女性性器時，只要用指關節刺激陰蒂，並借用手腕關節的彈性，就可以適當吸收力道，避免過度用力打擊而讓女性感到疼痛。

手比成手槍的形狀，讓女性採取後背體位之後再將伸出的手指（相當於槍管部位）插入陰道裡抽送，或者一邊在陰道內部翻弄，一邊用彎曲的手指關節按壓或輕揉陰蒂也不失為一個好方法。這個時候手指的動作和〈掌壓金溝〉（參見前項）插入陰道的時候一樣，要呈船錨狀好好鉤住內側，這樣不管動作有多激烈也不會失焦，而且還可以持續刺激陰蒂。

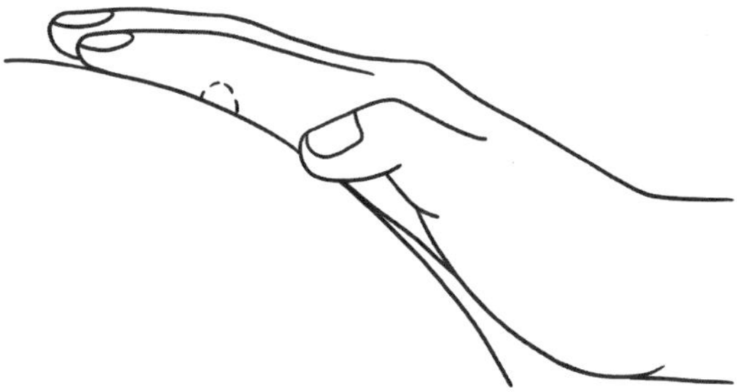

用手掌拍打整個陰裂的時候只要用手指關節觸碰陰蒂，就能增添幾分粗魯又狂野的SM氣氛。不過這項指愛技巧有別於〈鞭打蒂蒂〉（參照第80頁），重點是陰蒂觸碰到關節的粗糙感。因此拍打時力道若是太強，反而會降低陰蒂得到的快感，所以下手時力道要稍微輕一點。

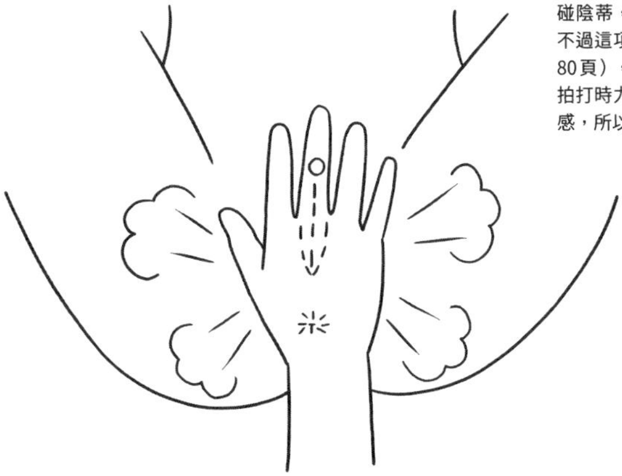

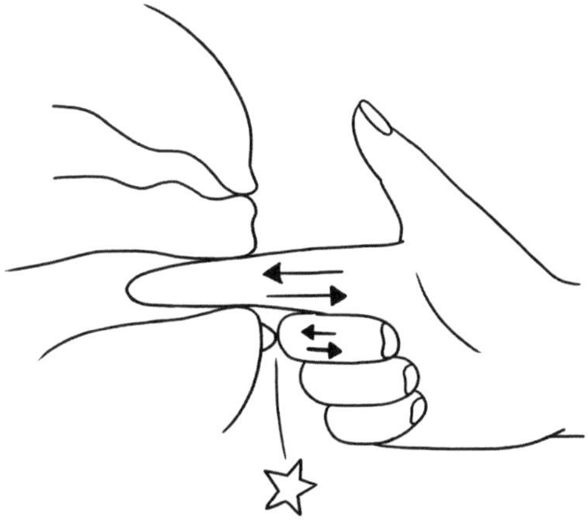

手指插入陰道摳弄內壁、刺激愛撫的同時，也可以結合用關節輕敲陰蒂這項技巧。這個時候手要比成手槍的形狀，用相當於槍管的食指（或者是食指與中指這兩根手指）插入身為受動者的女性陰道裡。手指在陰道抽送的過程當中，要用相當於扳機的彎曲中指（插入兩根手指的話就是無名指）第二關節去刺激陰蒂。

插圖：大山樹奈

手心撩撫

PLAY 07

金指密招！快如馬達、駕輕就熟

手掌輕輕「飄動」，稍微觸碰陰蒂的指愛技巧。

其方法是：①推開包皮，露出陰蒂之後，②碰到部分攤開的手掌時，③手掌輕輕飄動摩擦。

在步驟②觸碰陰蒂的部位主要是指尖。

步驟③的手勢就像揮手告別，只要在女性性器上方揮手就可以了。這個時候指尖腹部輕觸凸起部位的頂端，以極近的距離向女性性器揮手告別。如此一來就可以刺激到陰蒂頭的黏膜了。

單用一根手指觸碰陰蒂固然可行，但動員的手指最好多一點，這樣才能將這項指愛技巧的威力毫不保留地發揮出來。若能多用幾根手指觸摸，就可以在短時間內

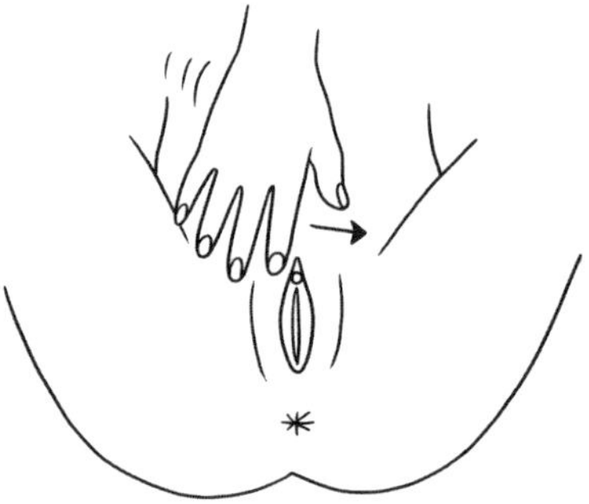

手掌對著陰裂左右移動，用指腹觸摸陰蒂，加以刺激。只要不停地用指尖觸碰，就可以讓凸起部位得到快速而且連續的刺激。若能改變揮手速度，或者調整手指間距，刺激陰蒂的時候，就可以讓觸感更加豐富。

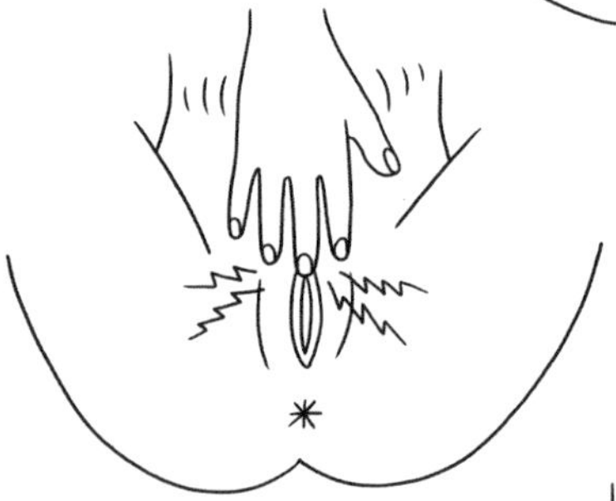

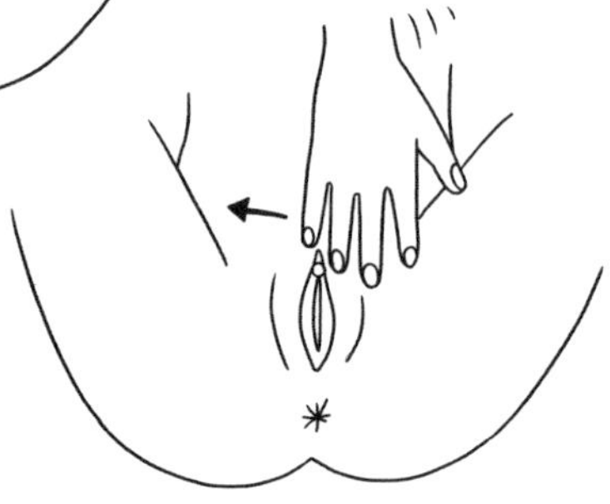

連續觸碰凸起部位的頂部。揮動手掌的「掰掰」運動，是要從大拇指往小指，再從小指往大拇指這個方向不停來回，這樣才能夠迅速刺激陰蒂頭。

揮動手掌的「掰掰」運動是一個非常自然的動作。不過最令主動者開心的，是這項指愛技巧不僅可以快速刺激陰蒂，對手臂更不會造成太大的負擔。

既然對肉體幾乎不會造成負擔，就代表這個動作可以持續進行，更不用擔心女方在即將達到高潮的「高峰」時會興奮到喘不過氣，導致動作變慢，而讓得來不易的驚濤駭浪遠離而去……。

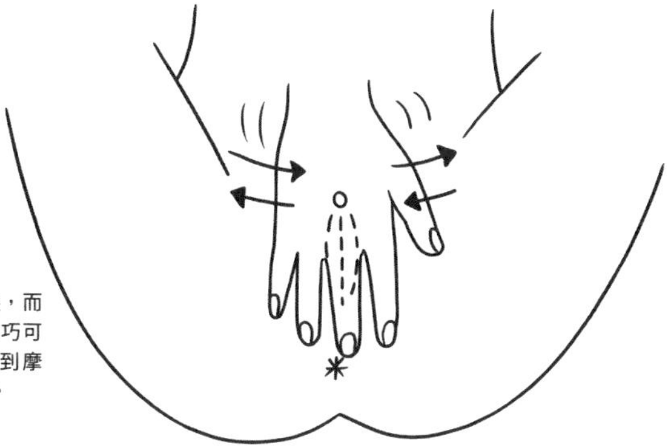

此時也可以稍加變化，不用指尖，而是用手掌「面」來觸摸。這種技巧可以讓凸起部位的黏膜不時地受到摩擦，進而帶來持久又酥軟的快感。

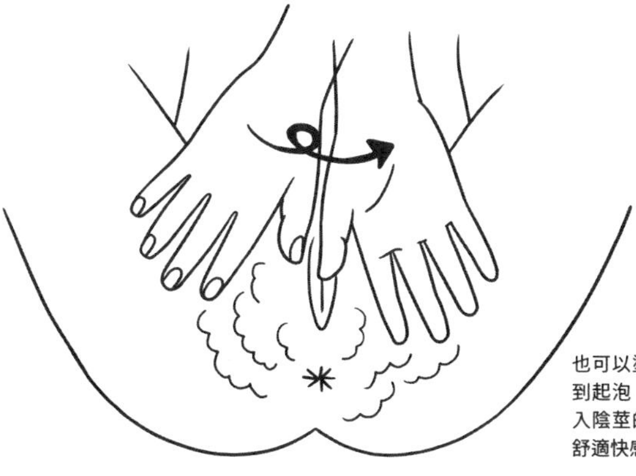

也可以塗上一層厚厚的水性潤滑液，並用手掌搓到起泡。手腕稍微彎曲，打出細緻泡沫之後再插入陰莖的話，就能讓女性體會到活塞滑順抽送的舒適快感了。

輕彈蒂兒

PLAY 08

時而輕碰，時而輕彈，時而迅速出擊

將小學生之間非常流行的處罰遊戲及惡作劇「彈額頭」的對象改為陰蒂的愛撫方式。

先說明一下，用手指敲彈額頭是一種讓對方感到疼痛的攻擊方式。其方法是：①中指彎曲（偶爾會用食指），指尖（指甲的中間部位）壓在大拇指的指腹上。②把大拇指當作卡榫點，用力將中指彈直。③中指準備伸直的時候先瞄準對象，好讓指尖彈在目標上。④當力量積累到某個程度之後，將力道集中在中指上，移離大拇指的卡榫點。步驟④的中指失去卡榫點之後，會氣勢如虹地伸直，猛烈地打在目標上。這就是讓目標感到痛的彈額頭。

而把彈額頭的對象改為陰蒂，就是這項指愛技巧。大家在進行其他技巧愛撫

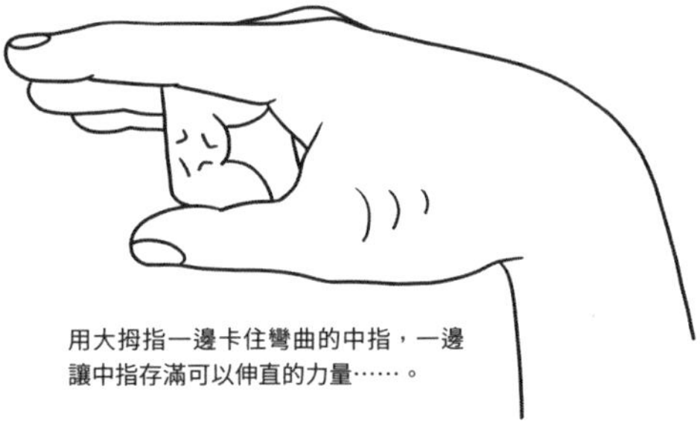

用大拇指一邊卡住彎曲的中指，一邊讓中指存滿可以伸直的力量……。

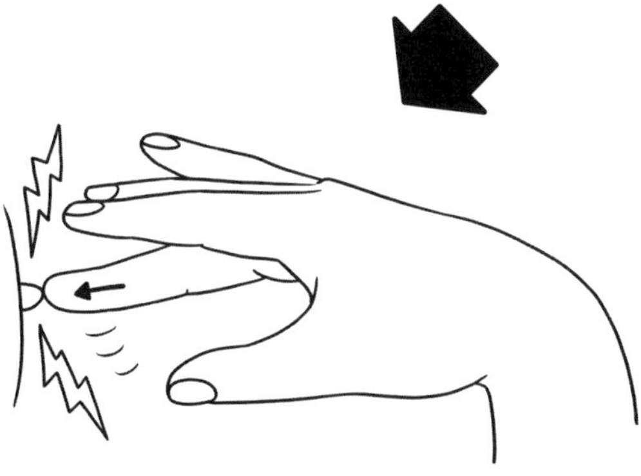

只要中指指尖離開大拇指這個卡榫點，就可以一口氣伸直，彈在目標上。

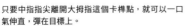

時，可以突然彈一下陰蒂，給對方來個驚喜，也可以像〈輕碰挑逗〉（參見第18頁）的指甲版本，連續出擊，讓這個技巧成為一個稍微毒辣的刺激手法，同時也讓沉悶的懶散氛圍瞬間變得緊張。

陰蒂是一個非常敏感的器官，所以觸碰的時候力道要輕柔一點。就算只是輕碰，凸起部位的表面黏膜照樣會被指甲堅硬的那一面打到，這時候身為受動者的女性一定會有股非常明確的擊中感。只要用力一彈，女方在感到疼痛之前，整個身體會先出現類似痙攣的反應，過段時間才會感到陣陣傳來的鈍痛——而且還會持續相當長的一段時間。如果想要施展超越平常的力道，女方必須要有強烈的被虐傾向才行。

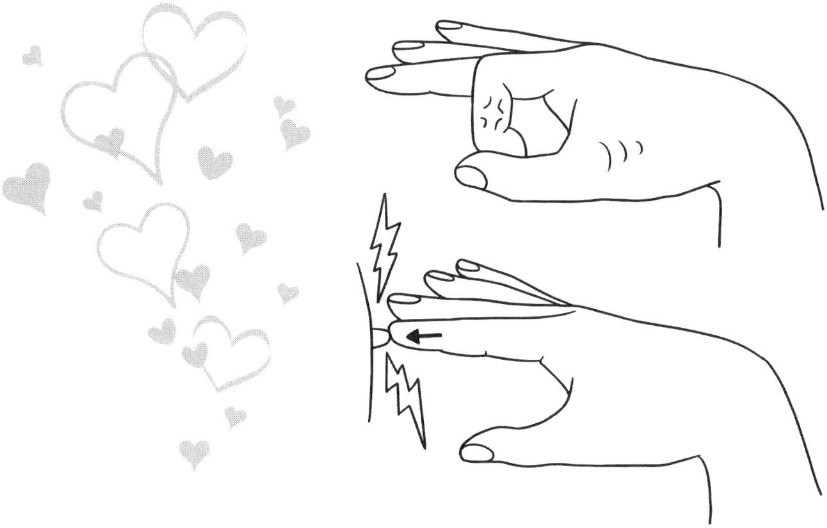

也可以用食指輕彈陰蒂。

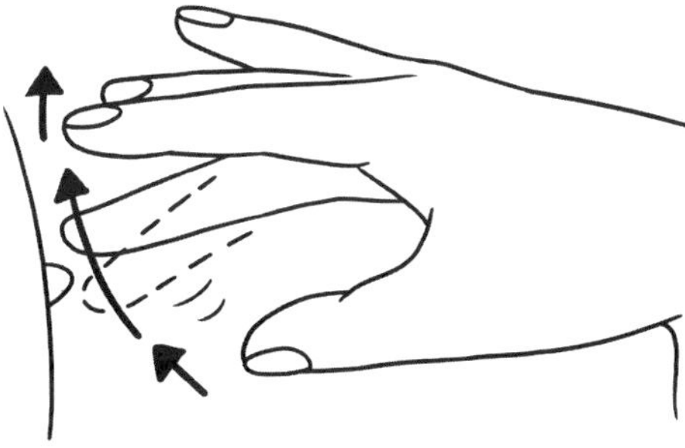

手指彈開之後，指尖不停留在凸起部位上，直接從頂部擦過也可以。不過手指彈開的速度有時會讓女方感到劇烈疼痛，所以這些細節都要留意。

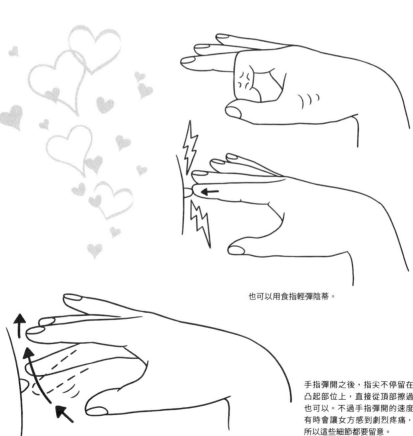

鞭打蒂蒂

PLAY 09

就像欺負那個小小的凸起部位般，狠狠地打它一頓！

用手掌拍打陰蒂加以刺激，是一種相當重口味的愛撫方式。

這項技巧是用整個手掌來刺激小小的陰蒂，所以拍打到整個女性性器的力道會非常強勁。給予陰蒂的刺激雖然大，卻能瞬間愛撫到整個陰裂。

這項技巧除了物理上的刺激，視覺效果和巨大聲響還能營造出一種彷彿在「針對特定部位施暴（或被施暴）」、狂野粗暴的氣氛。這對於喜好虐待／被虐的情侶來說，在心理上可以帶來相當不錯的效果。

方法很簡單，就是一直拍打陰蒂。

不管是用指尖，還是用掌心，拍打時凸起部位與手的碰撞位置都要下點功夫，好好設計。揮手的速度及拍打的強度雖然也有關係，但基本上來講，拍打到指尖或手指關節的話，帶給女性的衝擊通常會非常強烈；但如果是拍打到掌心或大拇指根部等肉厚部位，產生的衝擊就會比較溫和而且適中。其他比較激烈的指愛技巧也是一樣，剛開始力道要輕柔一點，之後再一邊觀察女方的反應（以及陰蒂黏膜的損傷程度），一邊慢慢加強力道，以便找到最適當的強度。

如果受動者是一位非常喜歡被虐的女性，那麼主動者不妨挑戰藉助手腕的力量拍打。在女方感到劇痛及驚訝、主動者內心狂喜又滿懷歉意的同時，彼此說不定會感受到宛如激情過後的爽快感。

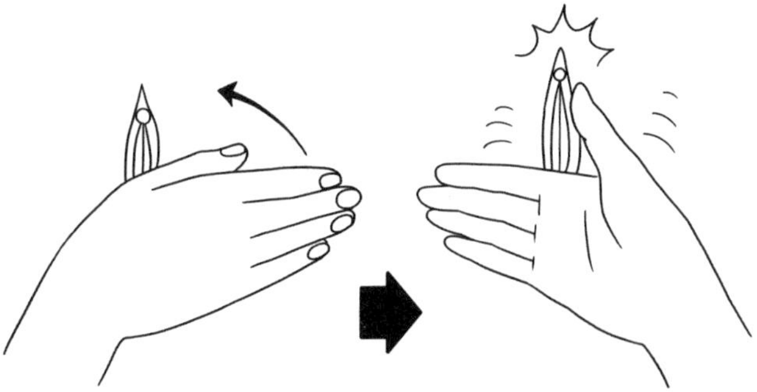

手舉起之後往陰蒂拍下去！充滿暴力而且富有動感的視覺效果，加上響亮的巴掌聲一定能營造出一種虐待的氣氛。

插圖：戸ヶ里憐

用手掌拍打整個陰裂的同時，指尖要順勢捏住陰蒂。乍看之下會以為這是一個相當粗糙的凌辱技巧，但千萬不要忘記留意細節及對女性性器的尊重。只要掌心這一帶碰到凸起部位，身為受動者的女性就會更加強烈地感覺到「下體被打到」。

COLUMN
03

複合技巧・併用技巧

愛撫陰蒂這項性愛技巧不僅適用於前戲及女性自慰，在進行活塞運動及後戲時也能派上用場，適用範圍非常廣泛。而最值得採用這項性技的時機，就是進行活塞運動的時候。只要一邊抽送陰莖，一邊刺激陰蒂，光是前推後拉就足以在短時間內帶來驚濤駭浪般的快感，女方不想達到高潮都不行呢。

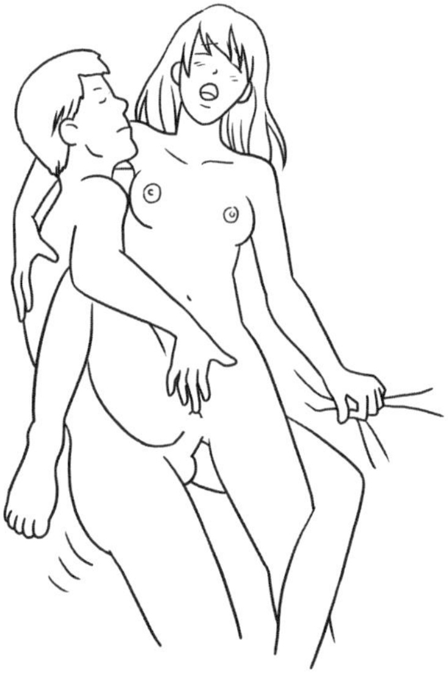

側位合體的同時愛撫陰蒂。主動者橫躺，慣用的那隻手朝上是確保高度攻擊力的訣竅。不管是後背體位還是站立體位，抽送陰莖及愛撫凸起部位同時進行都沒問題。

即使是傳統正常體位的活塞運動，只要加上愛撫陰蒂，整個性玩樂就會變得更有深度。倘若對方是陰道快感比較遲鈍的女性，只要不停地一邊刺激陰蒂，一邊進行活塞運動，就能利用陰蒂的快感牽動陰道，進而提升內部的舒適感受。

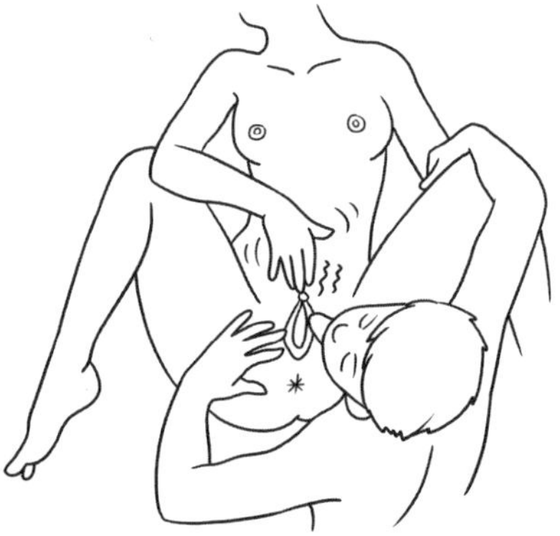

女性自己在撫弄的時候，主動者也可以趁機舔舐陰道，如此一來就可以近距離欣賞女性如何用自己的手指沉迷在歡愉之中，趁機知道女方的情慾觸點。若能利用這個機會連同愛撫凸起部位的手指一起舔舐的話，淫蕩的氣氛一定會飆升到最高點。

插圖：烏丸やよい

女性自己在撫弄的時候順便進行活塞運動。這樣主動者不僅可以專心扭腰擺臀，還可以讓女性情慾更加亢奮，對性越來越貪得無厭。

第4章 衍生技巧

情趣震動

PLAY 01

善用文明利器，攻擊凸起部位

這是種使用跳蛋或電動按摩器等會震動的成人玩具刺激陰蒂的性愛技巧。在文明利器的輔助之下，攻方就能以迅速又準確的命中率，帶給女性亢奮無比的快感。

使用跳蛋時，原則上要用大拇指和食指夾住本體（會振動的球狀部分），然後將其貼放在陰蒂上。不管包皮有沒有被推開，都能讓對方浸淫在酥軟的歡愉之中。只要將跳蛋緊緊貼放在凸起部位的根部，或者是輕輕撩弄露出的陰蒂頂部，就能藉由貼放的位置及力道的強弱控制快感。

應用技巧方面，其中一個就是拿著連接跳蛋的電線來刺激陰蒂。這個方法最有趣的地方，就是以不規律的節奏讓搖擺不定的跳蛋碰到陰蒂，要碰不碰的感覺可以帶給女性一股心癢難搔的快感，相當適合

只要拿好跳蛋本體，緊貼在陰蒂上，顫動的感覺就能毫不遺漏地完美傳遞。

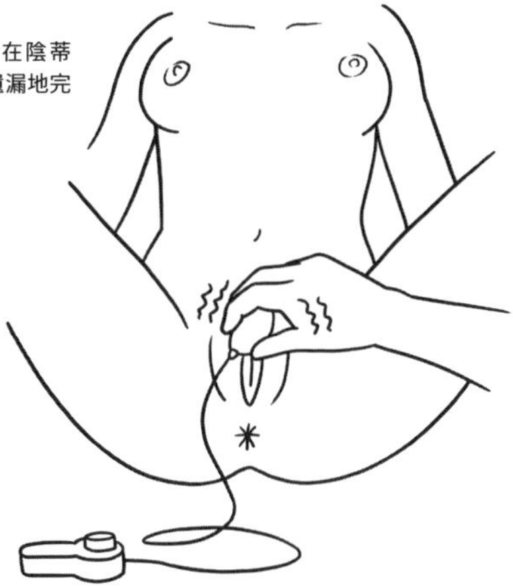

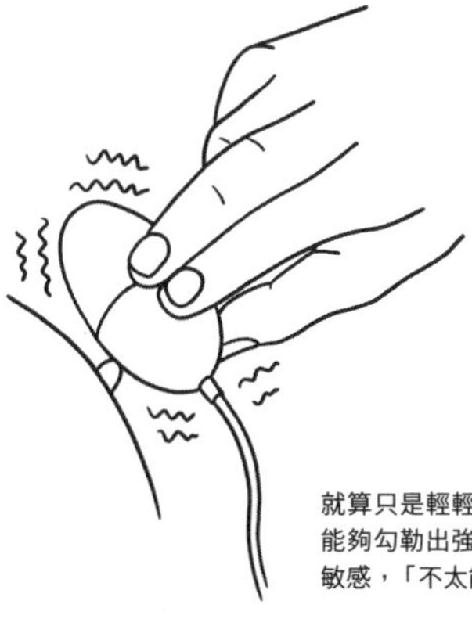

就算只是輕輕觸碰陰蒂頭或表面黏膜，照樣能夠勾勒出強烈的快感，相當適合陰蒂過於敏感，「不太能接受強烈刺激」的女性。

陰蒂過於敏感、用力壓貼時反而會感到疼痛的女性。

另外用ＯＫ繃、透明膠帶或紙膠帶來黏貼跳蛋也不失為一個好方法。長時間拿著跳蛋刺激陰蒂的話手可能會發麻，但只要用膠帶貼在女體上，就可以避免此種情況。這麼做除了減輕手指的負擔，雙手還能自由活動，盡情攻擊其他部位。除了將跳蛋貼在陰蒂上，線材部分如果也能順便貼放在陰阜上的話，便能空手帶給女性前述所提及，那種心急如焚的焦慮快感。

除了跳蛋，還有電動按摩器。所謂的震動棒、電動牙刷、百元商店可以買到的乾電池式手持按摩器，甚至連轉成靜音模式的手機也能派上用場。

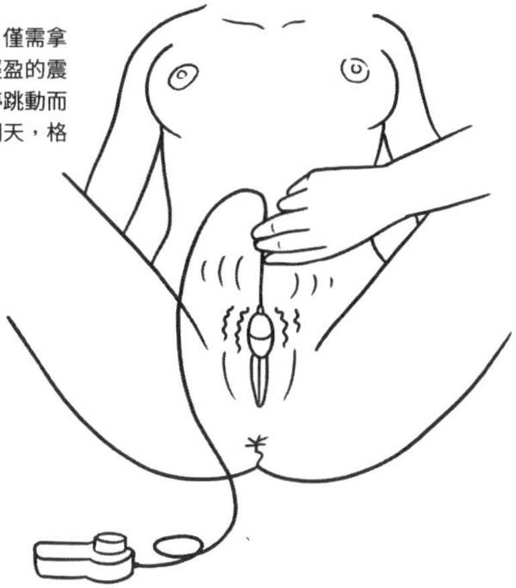

跳蛋本體不要直接貼放在陰蒂上，僅需拿著電線部分懸空觸碰，就能帶來輕盈的震動。本體雖然會因震動的大小不停跳動而無法固定位置，但能讓感受別有洞天，格外不同。

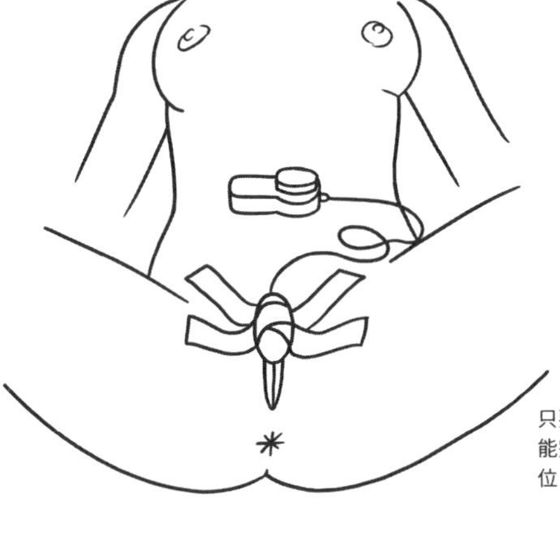

只要用膠帶將跳蛋黏在陰蒂上，就能完全空出雙手，盡情攻擊其他部位。

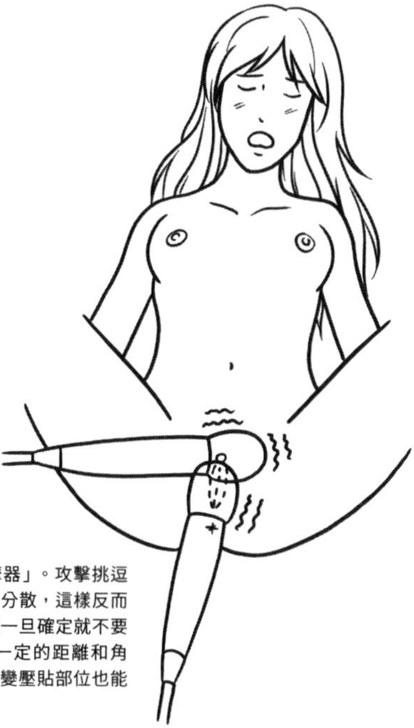

最強的震動工具就是「電動按摩器」。攻擊挑逗時，移動電動按摩器會讓震動力分散，這樣反而會帶來反效果。所以刺激的位置一旦確定就不要再隨便移動，盡量與陰蒂保持一定的距離和角度。除了強弱開關和施壓力，改變壓貼部位也能讓震動更有變化。

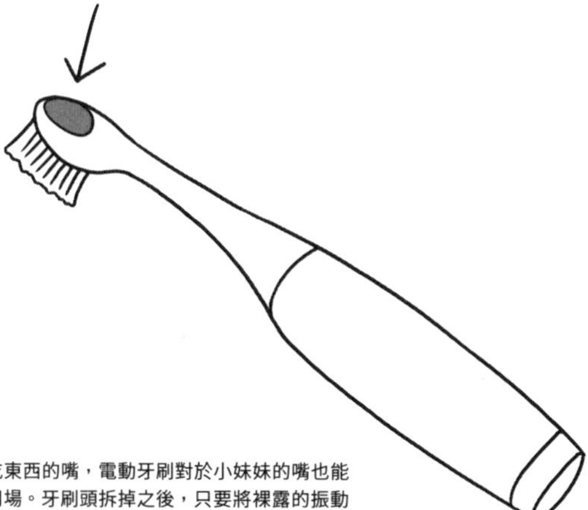

不僅吃東西的嘴，電動牙刷對於小妹妹的嘴也能派上用場。牙刷頭拆掉之後，只要將裸露的振動軸貼在陰蒂上，就能精準攻擊目標。牙刷頭如果沒有拆下的話，那就將平滑的牙刷背貼放在陰蒂上。只要善用日常用品，就能更輕易地踏進有情趣用品輔助的性愛世界裡。

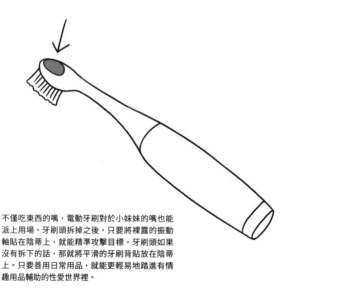

插圖：大山樹奈

揮毫輕刷

PLAY 02

用毛筆輕輕掃過，帶來酥軟快感

使用水彩筆、刷子及毛筆等工具輕撫激陰蒂的性愛技巧。

其方法是：①推開包皮，露出陰蒂之後，②用刷具輕輕在凸起部位的表面滑動，橫掃黏膜。

除了筆直揮毫，還可以左右游移、在陰蒂上畫圈，甚至用筆尖繞著凸起部位的外圍轉圈圈。用刷頭畫點刺激也不錯。

除了移動方式，不同刷具所帶來的快感也會有所不同。因此挑選時可以多加留意刷子的大小與粗細、刷毛種類及粗細長度，盡量多方嘗試。多準備幾種，根據場合分開使用也不失為一個好方法。

利用自己本身的毛髮也是一個好方法。像是鬍鬚（嘴邊或下巴的鬍子）、鬢角、頭髮，都可用來刷撫陰蒂。

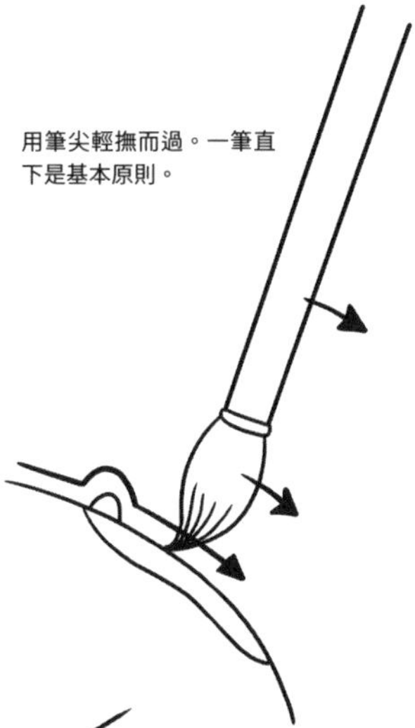

用筆尖輕撫而過。一筆直下是基本原則。

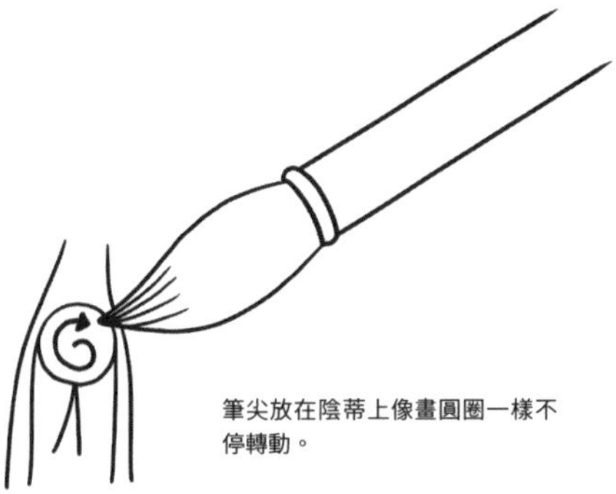

筆尖放在陰蒂上像畫圓圈一樣不停轉動。

總之要記住一個原則，那就是不要讓刷頭傷到黏膜。陰蒂表面的黏膜非常薄而且嬌嫩，所以刷頭不要垂直又用力地壓在黏膜上。就算要用刷頭在陰蒂上咚咚地刺激，也要多加留意，千萬不要用力過猛。另外，對方如果是陰蒂快感尚未開發的女性，那麼一定要挑選觸感柔嫩的刷子或毛筆。

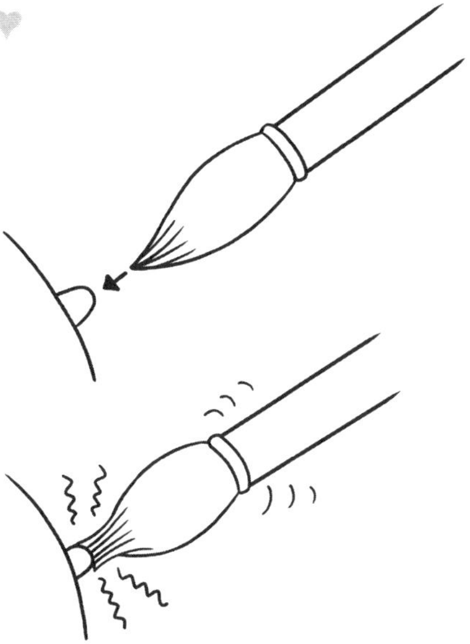

以刷頭戳陰蒂。最好挑選刷毛柔嫩或者刷頭較寬的毛筆。

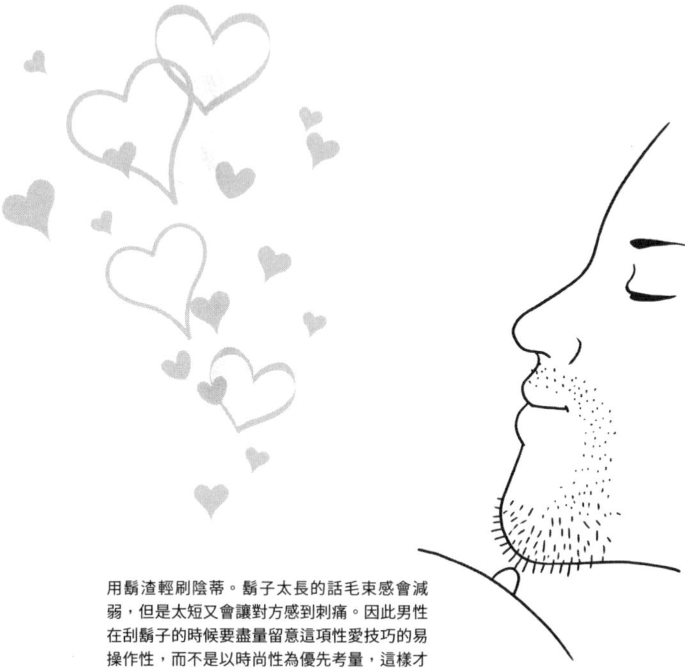

用鬍渣輕刷陰蒂。鬍子太長的話毛束感會減弱，但是太短又會讓對方感到刺痛。因此男性在刮鬍子的時候要盡量留意這項性愛技巧的易操作性，而不是以時尚性為優先考量，這樣才稱得上是真男人。

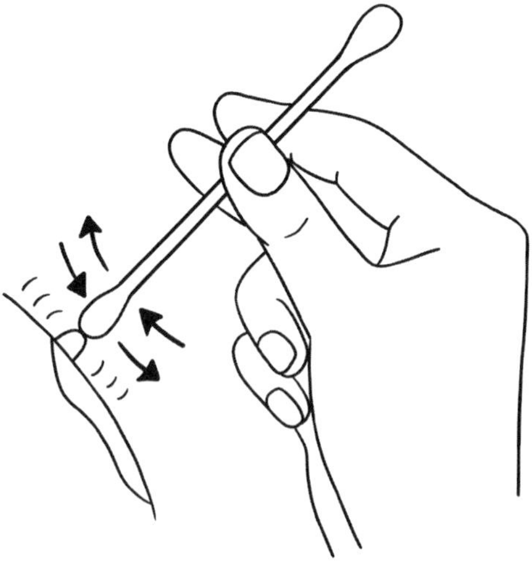

另外一個衍生技巧，就是用沾滿潤滑液的棉花棒來輕撫表面黏膜。對方如果是陰蒂超級敏感、「突然用毛筆刷的話會痛」的女性，那就先用棉花棒來讓她們熟悉纖維的觸感。不過乾燥的棉花棒會讓黏膜感到疼痛，因此刺激之前棉花棒頭一定要先沾滿潤滑液。

插畫：羅ぶい

陰豆戴帽

PLAY 03

將埋沒在黏膜裡的凸起部位吸取出來，強制肥大

用陰蒂吸啜器愛撫陰蒂的方法。陰蒂吸啜器是套住陰蒂、以橡膠或塑膠為材質的成人玩具。採用手指大小的幫浦構造，吸口呈吸盤狀。

使用方法為：①按壓幫浦，②擠出裡頭的空氣之後吸盤部分套在陰蒂上，③吸盤外圍緊密吸住女性性器黏膜之後，④鬆手放開幫浦。如此一來，⑤幫浦回復原狀的力量會降低內部的氣壓，讓陰蒂被吸盤整個吸起來，最後⑥吸起來的陰蒂就會凸起來。因此使用陰蒂吸啜器不僅可以讓陰蒂自然勃起，還能使其整個肥大。

性感帶中最為敏感的部位毫無防備地裸露出來時，其所感受到的驚悚刺激是難以言喻及體會的。但是單純整個暴露並不會帶來太多生理上的快感，這也是不可否認的事實。因此我們要藉助情趣用品的力量，將陰蒂整個吸出來，之後再套上陰蒂吸啜器，用指尖輕輕搖晃頭套頂端，加以刺激挑逗。變得比平常還要肥大的陰蒂在強制被吸起之後會變得比以往更為敏感，在這種情況之下，得到的反應一定會比平常還要強烈。除了連同情趣用品輕輕搖晃之外，「吸取之後放開情趣用品」的動作只要重複進行，加以刺激，或者在吸取陰蒂的狀態之下將跳蛋貼放在陰蒂吸啜器上，間接刺激挑逗也是一個不錯的方法。

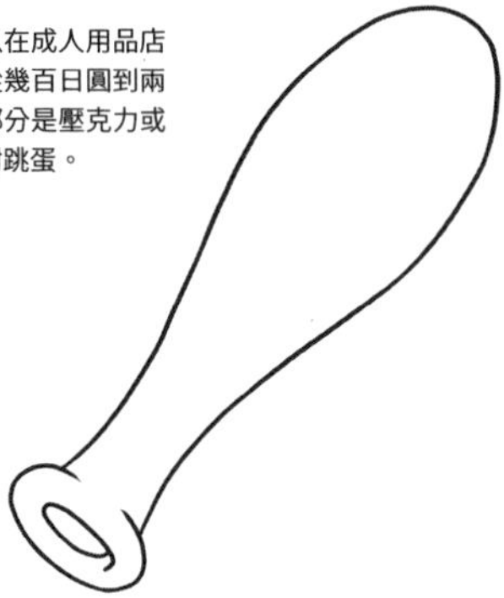

這就是陰蒂吸啜器。可以在成人用品店或網路商店購買，價位從幾百日圓到兩千日圓不等。有的吸嘴部分是壓克力或塑膠材質，有的則是內附跳蛋。

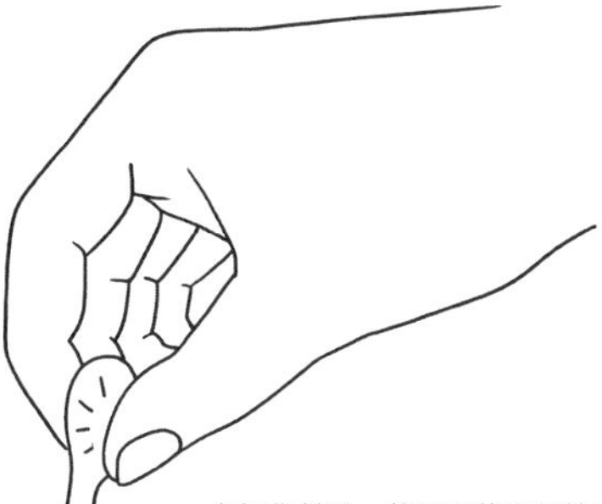

先捏住幫浦，將裡頭的空氣擠出來。

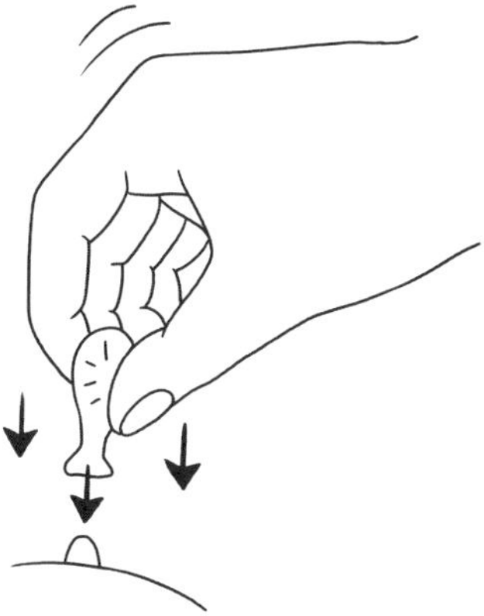

不要放開幫浦，吸嘴對準陰蒂。

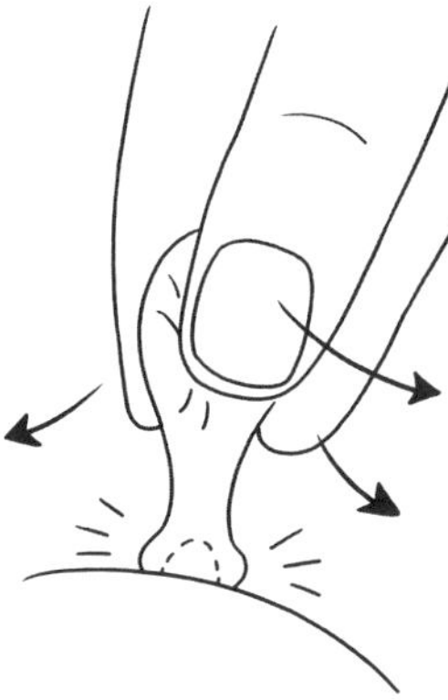

將其緊貼在凸起部位的外圍黏膜上之後再鬆手。

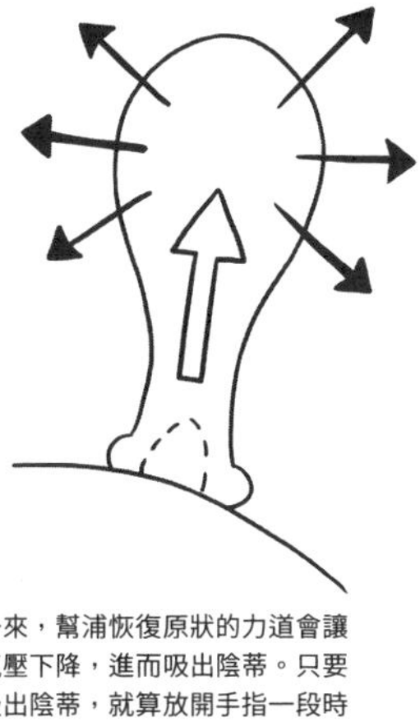

如此一來，幫浦恢復原狀的力道會讓內部氣壓下降，進而吸出陰蒂。只要成功吸出陰蒂，就算放開手指一段時間，陰蒂吸啜器照樣會吸附在上面，這段期間可以用指尖輕戳一下，加以刺激。

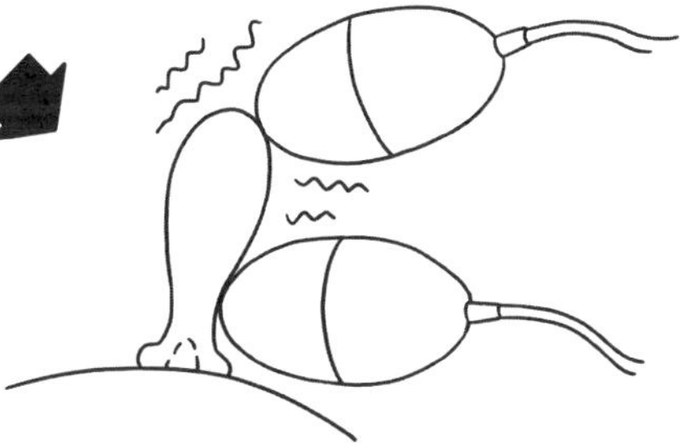

搭配跳蛋一起刺激。將跳蛋貼放在吸嘴旁，間接震動。

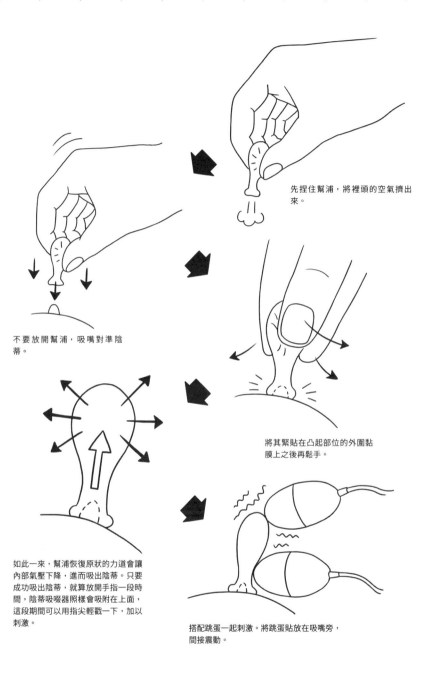

淋浴刺激

PLAY 04

讓源源不絕的流水拍打刺激黏膜表面

用流水的水壓來刺激陰蒂的方法。這是不少女性都嘗試過的方法，亦即將蓮蓬頭放在下體，讓水柱對準私處衝擊，是以淋浴自慰為基本，加以應用的愛撫技巧。

最方便的作法，就是在浴室用蓮蓬頭沖水。其方法是：①推開包皮，露出陰蒂，或者讓身為受動者的女性張開雙腿，②蓮蓬頭的水柱對準凸起部位刺激。但是與其用水柱的中心刺激，讓水流邊緣這個要碰不碰的微妙位置刺激，反而更能引起強烈的反應。

水柱碰到陰蒂之後，可以一直對著同一個地方刺激，也可以微幅晃動蓮蓬頭，隨機或有節奏地挑逗。水龍頭開開關關，讓水量（＝水壓）有強有弱也是值得一試的方法。

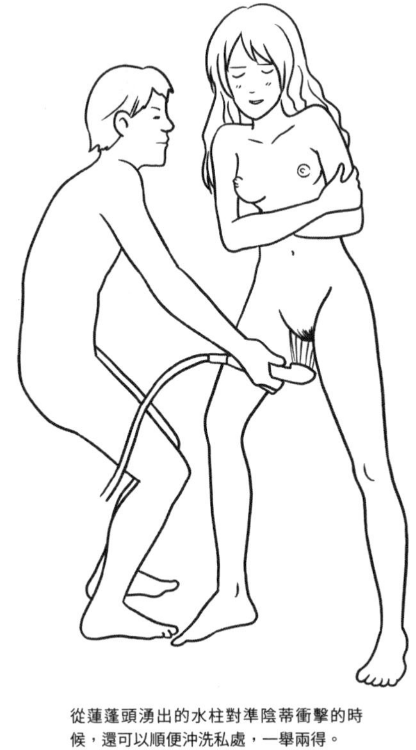

從蓮蓬頭湧出的水柱對準陰蒂衝擊的時候，還可以順便沖洗私處，一舉兩得。

不過這項性愛技巧有兩個地方要注意，一個是蓮蓬頭的水溫，要是太高，性器官的黏膜就有可能會燙傷。如果是用溫水的話，那就盡量維持在手指觸碰時會覺得「好像不夠熱」的水溫。

而另外一個要注意的地方，就是沖水的角度。水壓強勁的時候角度若是不當，冷水或熱水就會沖進尿道裡，這樣可能會引起尿道炎或膀胱炎。為了女性的健康，沖水刺激時盡量不要從尿道口正面近距離強力噴水。若想避開這個問題，最好的方法就是不要從陰蒂的下方（陰道口這一側）刺激，而是要讓蓮蓬頭從上方（肚臍這一側）沖水。另外，每次沖水的時間不要太久，要有一段間隔，這樣才能有效避免尿道炎或膀胱炎。每次沖水盡量不要超過十分鐘，若想善用這項技巧長久與性伴侶兩相好，那麼每隔十分鐘換個技巧會比較好。

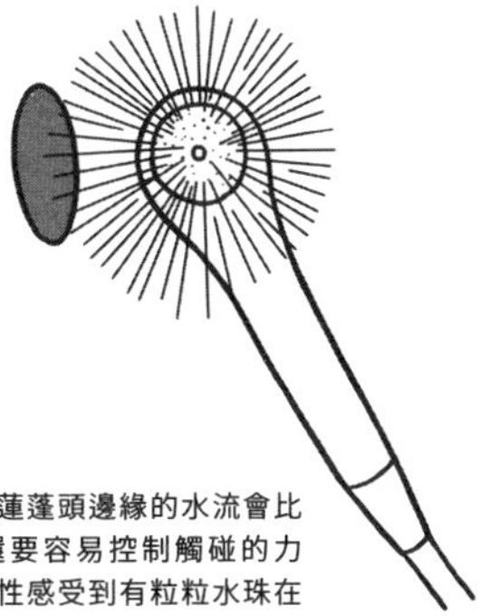

沖水時，靠近蓮蓬頭邊緣的水流會比中間的部位還要容易控制觸碰的力道。若能讓女性感受到有粒粒水珠在撞擊凸起部位的話，那就更完美了。

應用技巧・其一：將含在口中的水模仿蓮蓬頭噴出來。嘴巴要噘的小小的，噴出的水流越細越好。

應用技巧‧其二：瞄準陰蒂，用力尿尿。像道瀑布般不停洩洪，或者時有時無，總之噴尿的方式也可多加變化。

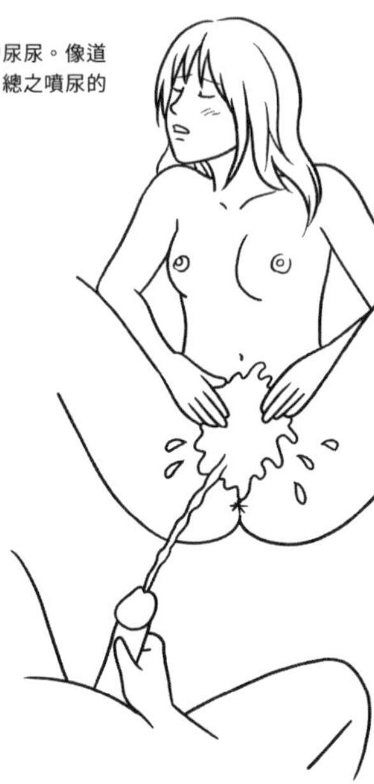

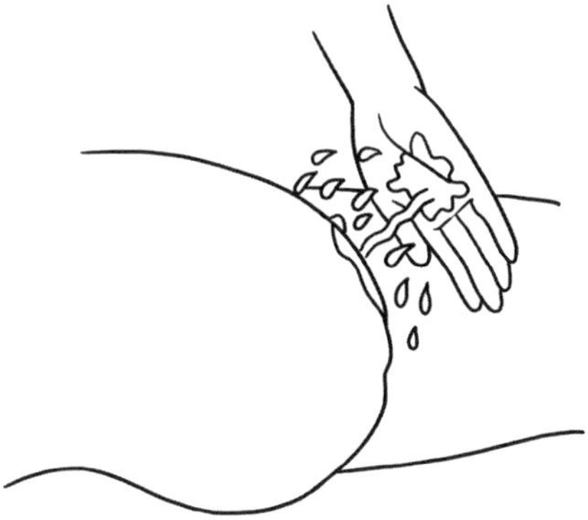

進階應用技巧：手掌伸到尿道口前，讓身為受動者的女性對準手掌排尿，利用噴到手掌上的尿液所濺起的飛沫刺激凸起部位。

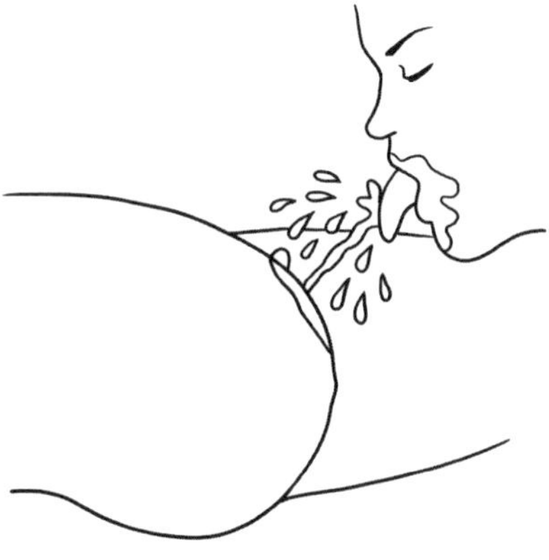

終極應用技巧：用舌頭替代手掌，讓女性自己的尿液反彈回去。主動者在女性的尿道口前把舌頭整個吐出來，讓女性對著舌頭排尿。是一種讓主動者在尿浴玩法中也扮演受動者角色、心情矛盾的幻惑性愛遊戲。

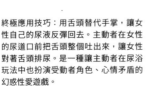

插圖：烏丸やよい

隔衣搔穴

PLAY
05

隔層布料，煽動情慾焦土！

這是一種讓女性下半身穿著衣物，試圖刺激陰蒂的愛撫方法。

方法是：在女性的私處完全褪去衣物之前不停摸索陰蒂的位置。

牛仔褲、西裝褲、絲襪和緊身褲，還有短褲（內褲），甚至是連身裝、泳衣、衛生棉條、日用護墊……說到衣物，涵蓋的範圍其實非常廣泛。

著裝狀態也是形形色色，有整齊穿著、到只脫褲子（長褲），或者把裙子撩起來，甚至脫掉絲襪或緊身褲……等等。

身上只穿著內褲時，有時可以藉由摩擦清楚地感受到陰蒂的存在，不過有時厚實的布料反而影響會觸感，讓我們無法確認凸起部位的位置。倘若內褲裡還多一層衛生棉或護墊的話，那就只能感受到粗糙且

隔著貼身衣物摸索凸起部位，或者掀起裙子、將內褲（褲子）拉到膝蓋這個部位之後再來施展這項技巧，同樣也能表現出「快要失控！」的焦慮情慾。不僅如此，此時兩人若身處寂靜無比的地方，摸索時發出的沙沙聲響還能讓氣氛更加淫靡。

飽滿的觸感，在這種情況之下，就只能不停地按壓這個部位。除此之外，別無他法（衛生棉的話，若剛好遇到正在吸收經血這個時間，還能體會到不慎逆流滲出的刺激）。總之，不管遇到何種情況，都要好好體會其所帶來的觸感及令人焦慮的心情。

　這項性愛技巧的重點，在於讓主動者和身為受動者的女性焦慮無比，雙雙陷入無法為所「慾」為之苦。不過這項性技的迷人之處並不僅限於此。手指游移時只要意識到布料的存在，就可以感受到一股有別於手指或舌頭所帶來的刺激、只有穿上衣服才能夠體會到的粗糙觸感。尤其是厚實的牛仔褲若能在有縐摺的重疊部位上摩擦挑逗的話，粗糙又堅硬的感受一定會非常明確地刺激到凸起部位。

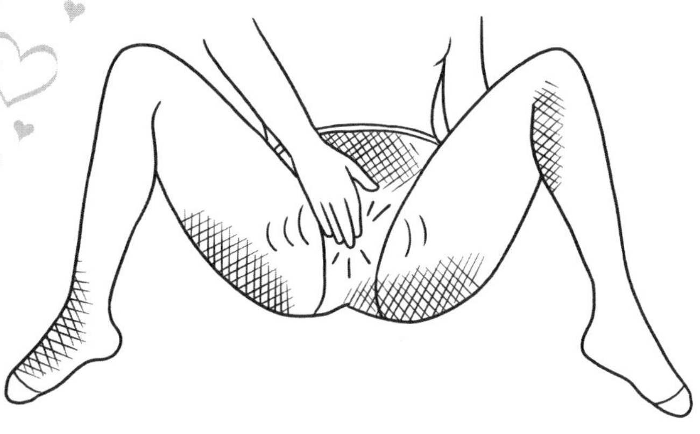

對方如果穿著內褲，那就從褲檔上方刺激凸起部位。兩人若是定期交合的性伴侶，那就請牢牢記住女方的骨盆曲線。

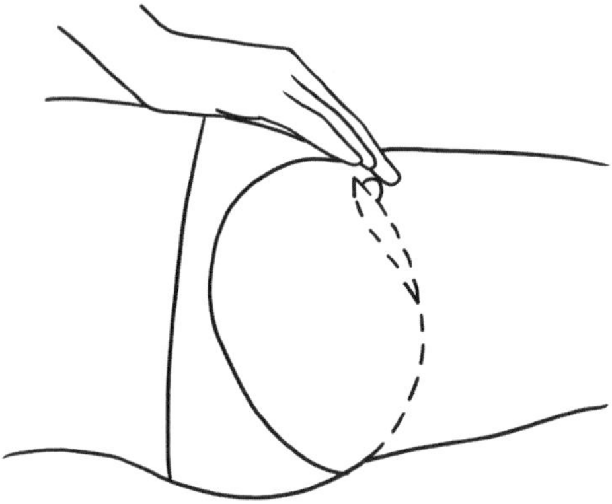

應用技巧：靜電凌辱！
加穿一件尼龍布料的內褲（在成人用品店裡常見的俗氣衣物）或絲襪之類的化纖衣物，摩擦之後……。

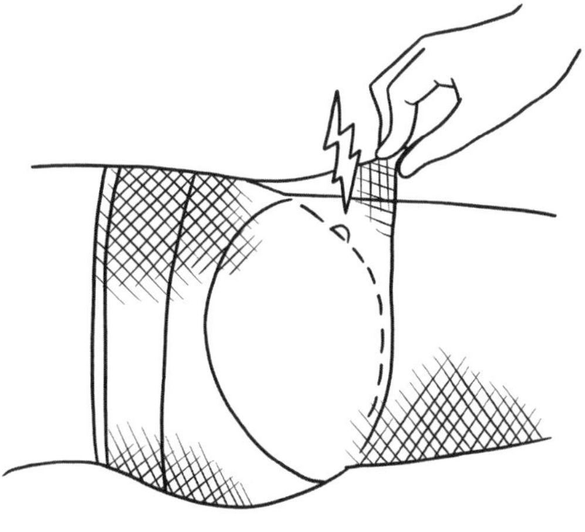

接著只要拉起上面的衣物（如圖中的絲襪），在化纖衣物與其他衣服之間騰出縫隙，排除靜電，這樣就能成功地給陰蒂帶來刺激的天然電擊。

插圖：大山樹奈

冰凌凍蒂

PLAY 06

手拿冰塊，愛撫可愛的蒂兒

用冰塊刺激陰蒂的愛撫方法。

其方法是：①準備一塊大小適合用指尖抓取的冰塊，②拇指和食指拿著冰塊，③推開包皮之後，將冰塊貼放在外露的陰蒂上面，或者輕輕在黏膜表面滑動愛撫。

每個步驟的重點如下。

步驟①：一般製冰盒做的冰塊（約三公分見方）大小比較剛好。如後所述，有些人會把冰塊含在嘴裡，因此冰塊太大或太小都會不好愛撫。

步驟②：愛撫時冰塊可以含在嘴裡。只要用上下的門牙咬緊冰塊，就不用擔心滑落，而且拿的時間也會比用手來的久。這個方法並不會讓嘴唇或舌頭直接碰到性器官，對於不太擅長口交的主動者來說，當對方女性非常期待口愛，甚至不得不這

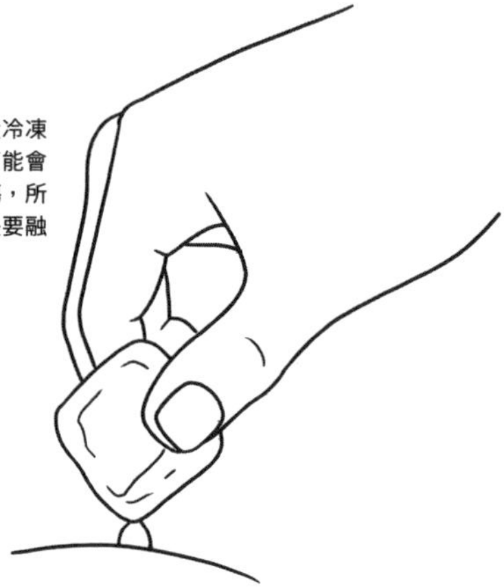

手上的冰塊貼放陰蒂上。從冷凍庫取出的新鮮冰塊帶霜，可能會黏在黏膜上，甚至造成凍傷，所以不建議使用，最好是用快要融化的冰塊。

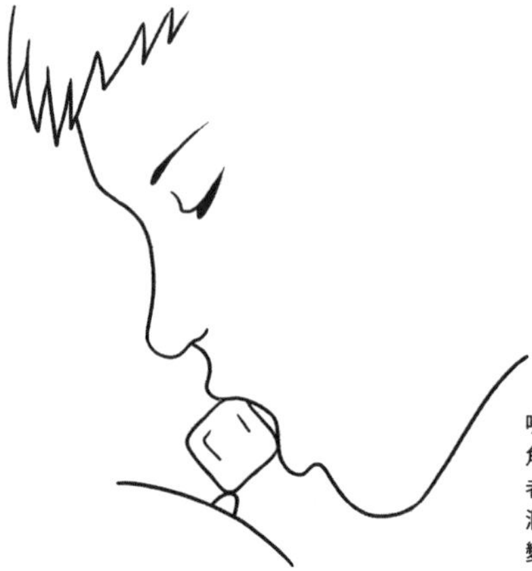

嘴裡含住冰塊頂住陰蒂。如果是角冰，可以用平坦的那一面，或者用快要融化、形狀變得比較圓潤邊角貼在陰蒂上，讓刺激更有變化。

麼做時，採用這種性愛技巧就可以輕鬆地營造出舔陰的氣氛了。

步驟③：除了輕撫，還可以咚咚敲打，或用快要融化的圓角戳弄。

但要注意一點，那就是時間不要太久。陰蒂若是冰過頭，感覺就會變得麻痺，非但不容易有感覺，時間太長的話，貼住冰塊的那側還有可能會凍傷。

這項技巧只能算是一種調劑，最好是在進行其他愛撫方式的時候短暫穿插，這樣才是明智之舉。

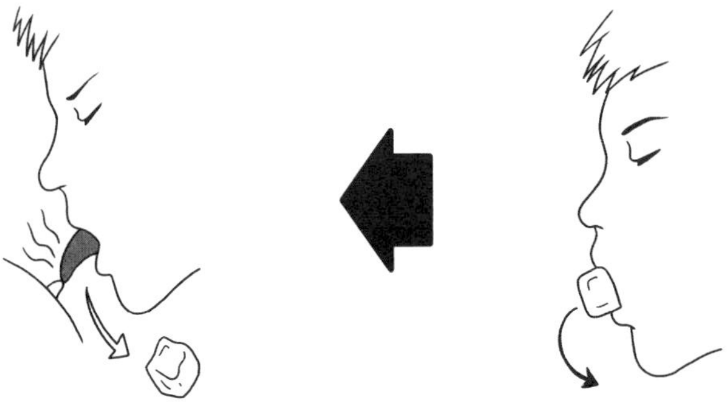

如果對方反應直接把冰塊放在身上「只會覺得冷，並不會有快感」或者是「太冷了，陰蒂感覺會麻痺」的話，那麼主動者就不要直接把冰塊放在陰蒂上，而是含在口中讓舌頭或嘴唇變得冰冷之後……。

用冷卻的舌頭或嘴唇刺激陰蒂，使其感受到涼爽的觸感。除了含在嘴裡，冰塊拿在手指上一段時間之後，放下冰塊，用冰冷的指尖觸碰陰蒂也可以。

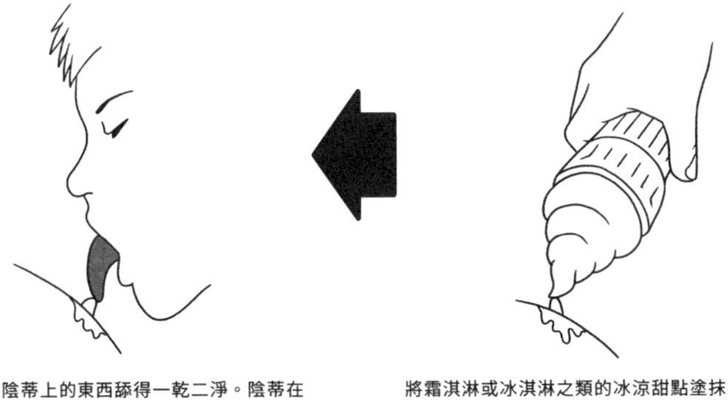

將霜淇淋或冰淇淋之類的冰涼甜點塗抹在陰蒂上……。

再將塗在陰蒂上的東西舔得一乾二淨。陰蒂在經歷過寒冷之後，舌頭所帶來的溫暖會讓人感到十分舒適，是種不落俗套、一舔雙重美味的衍生技巧。

PLAY 07

用五官將滿懷愛意磨蹭在蒂兒身上

下巴鼻子額頭

利用臉上的突出部位，例如下巴、鼻子、額頭來刺激陰蒂的性愛技巧。因為是用緩緩隆起的肌膚面觸碰陰蒂，所以愛撫的面積會比用指尖或舌尖來的大，進而產生緩緩的快感以及滿滿的親密感。只要像親吻般磨蹭臉部，除了增加生理上的刺激，還能帶來甜蜜的愛意表現，算是本項技巧的另外一個特色。因為這項技巧可讓主動者在極近的距離觀賞女性性器，對於性伴侶私處的愛戀也一定會更加深刻。

其方法是：①推開包皮，露出陰蒂之後，②讓自己埋首於對方女性的私處，③用鼻子等臉部的突出部位觸碰露出的凸起部位，④一下子頂住，一下子往上磨蹭，加以刺激。

在步驟①要讓凸起部位整個露出來。要是覆蓋在包皮底下，「讓對方把臉埋在私處磨蹭」雖然可以帶來不錯的心理效果，但是生理方面的表現卻無法期待。所以包皮一定要整個推開，這樣才能從心理及生理這兩個層面雙管齊下，讓對方更加亢奮。

步驟②基本上要面對陰裂——也就是說，埋首時臉要與那條線平行。埋首磨蹭時，臉若是斜放或是與陰裂呈垂直狀態，不僅會對頸部造成不必要的負擔，在步驟③移動頭部時，還可能會因過於激烈而讓頸部扭傷。

進行到步驟④時要輕輕觸碰黏膜表面，或者不停按壓，磨蹭時盡量讓壓力多些變化。

不管是下巴、鼻尖還是額頭，這些部位的皮膚都非常滑順，基本上不會讓陰蒂磨破皮。

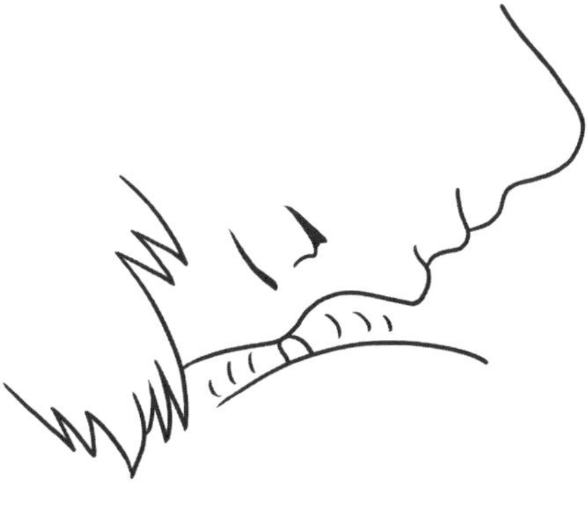

用下巴撫摸時，用刮過鬍子的部位輕輕磨蹭也不錯，這個方法對於陰蒂感覺比較遲鈍的熟練女性可以帶來不錯的效果。另外，想要用鬍渣刺激的人，可以參考〈揮毫輕刷〉（90頁）這項技巧。

顴骨突出的人也可以用這個部位輕輕愛撫。只要像寫字般用臉頰磨蹭，看在身為受動者的女性眼裡，說不定會覺得很可愛呢。

插圖：烏丸やよい

小鳥蹭蒂

PLAY 08

讓男女最為敏感的器官相依相偎，磨蹭取暖

主動者如果是男性，那就未必要用手指、舌頭或情趣用品，用小鳥（也就是陰莖體部）來刺激陰蒂也不錯。

雖說用陰莖，可以用來攻擊的部分也各有不同。而最簡單的方法，就是用龜頭刺激陰蒂。只要將龜頭那光滑的「小山丘」輕輕按在勃起的陰蒂上就可以了。用包皮繫帶以勾的方式刺激凸起部位的頂點也不錯，這樣得到的刺激應該會非常激烈。此外還可以用龜頭或陰莖體部磨蹭，用龜頭頂部輕打刺激。如果是熟練的性愛玩家，摩擦時不妨用冠狀溝這段有高低差的部位挑戰看看。如果是正常體位，那就掌握大腿交的要領，將陰莖插入對方女性的大腿縫隙之間，接著用龜頭頂部觸碰陰蒂，這樣冠狀溝就能以更大的落差刺激陰

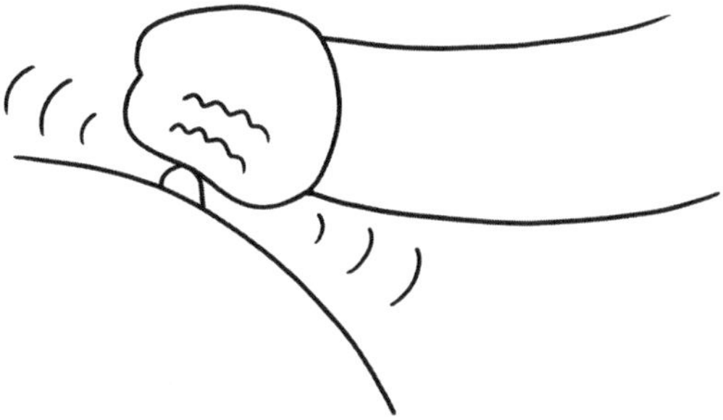

用龜頭的「小山丘」輕輕按壓。即使勃起的陽具已經跟鐵鎚一樣硬梆梆，龜頭依舊能保持令人驚訝的柔軟度。既然如此，那就好好善用這柔軟絕佳的觸感吧。

蒂。刺激的時候不管陰莖是用甩的、頂的，還是震動，只要用手夾住根部，就能輕易控制一些較為細微的動作。

這項性愛技巧的基本原則，就是要在陰莖即將插入陰道之前進行。如此一來，就可以暗示對方「我要準備插進去了喔」。這個暗示也可以讓對方女性強烈意識到插入時的「入侵感」，堪稱優點（細節請參考由良橋勢的著作《抽插攻略！圖解陰道插入・活塞運動完全指南》中提及的相關技巧）。

這項性愛技巧基本上要以硬直勃起的巨鵰隨時備戰，不過勃起之前的陰莖也能派上用場。用尚未勃起的軟鳥刺激時，不僅可以讓對方女性感受到陰莖柔軟獨特的感觸，身為主動者的男性本身也可以體會到尚未勃起時特有的搔癢快感。

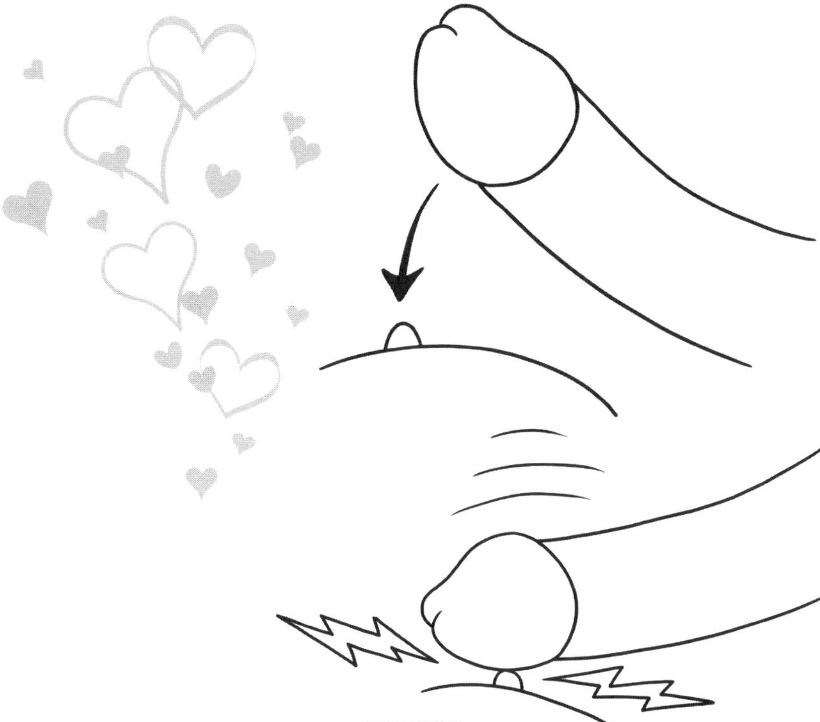

用龜頭敲蒂頭。

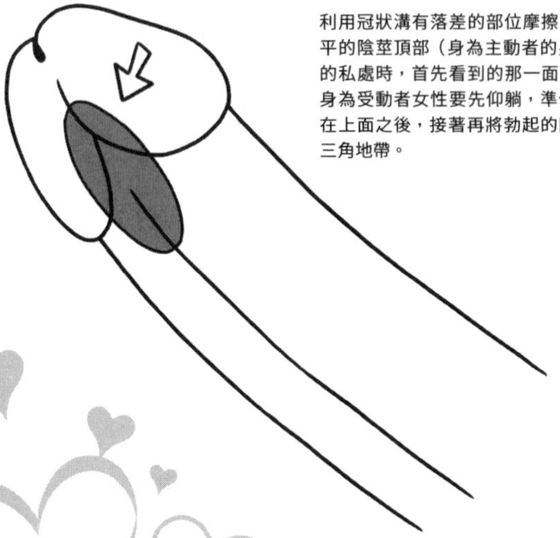

利用冠狀溝有落差的部位摩擦。若要將高低不平的陰莖頂部（身為主動者的男性低頭看自己的私處時，首先看到的那一面）貼在陰蒂上，身為受動者女性要先仰躺，準備出擊的男性趴在上面之後，接著再將勃起的陰莖插入女性的三角地帶。

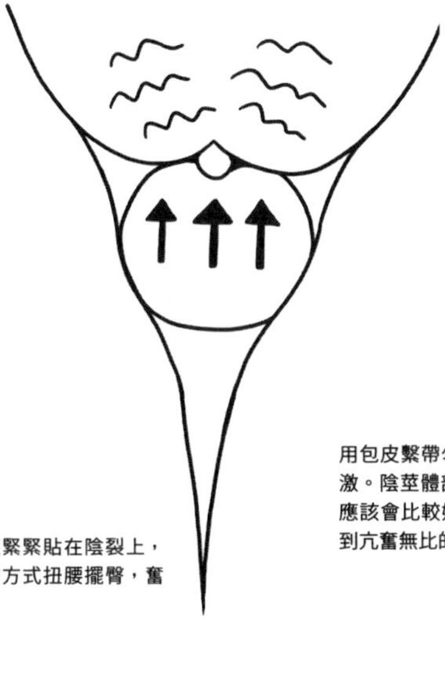

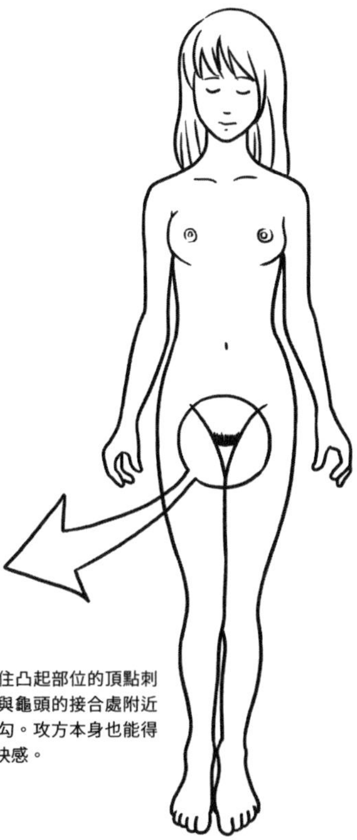

用包皮繫帶勾住凸起部位的頂點刺激。陰莖體部與龜頭的接合處附近應該會比較好勾。攻方本身也能得到亢奮無比的快感。

插入的陰莖緊緊貼在陰裂上，並以腿交的方式扭腰擺臀，奮力磨蹭。

插圖：戶ヶ里憐

PLAY 09

森林摩擦

讓私處茂密的黑森林發出窸窸窣窣的聲音

用一整撮的陰毛愛撫陰蒂的性愛技巧。

方法大致可以分為兩種。

第一個方法是用毛尖輕柔刺激，算是〈揮毫輕刷〉變化版本（參見90頁），也就是用陰毛來代替毛筆或刷子。這個別稱「毛尖凌辱」的性愛技巧還可再細分為兩種。一種是將身為攻擊對象的女性陰蒂正上方茂密的陰毛捏一把來摩擦。當然，這僅限於對方女性的陰毛長到可以碰到陰蒂。如果對方女性的陰毛稀疏，或者是長度不足以摩擦陰蒂的話，那就採用另一種方法——利用主動者的陰毛來磨蹭挑逗。主動者將自己的下體緊緊貼在受動者女性的私處之後，再將自己的陰毛捏成一撮，輕撫刺激暴露的陰蒂表面黏膜。

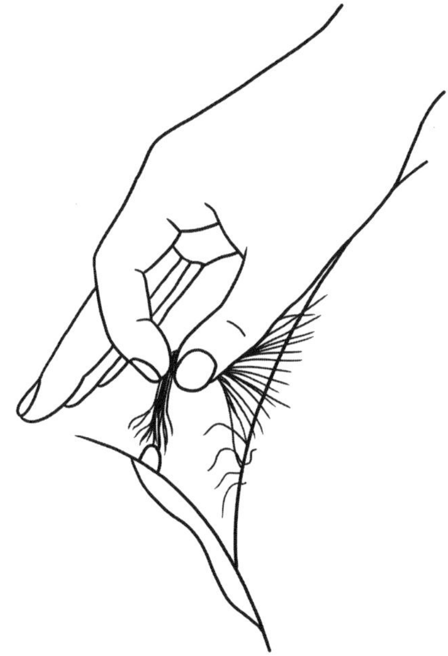

陰毛捏成一撮之後，用毛尖輕輕搔弄推開包皮的陰蒂表面。

毛尖凌辱的另外一種變化技巧就是「毛刷凌辱」。也就是將露出的陰蒂與長有陰毛的私處緊密貼合，一邊從上面按壓，一邊扭腰擺臀，輕輕地用陰毛磨蹭刺激。

主動者如果是男性，合體時施展這項性技也可行。先以插入陰道的陰莖為軸心，再將陰莖根部的肉壓貼在陰道口的黏膜上扭腰擺臀。夾在主動者與身為受動者的女性之間的陰毛在扭腰擺臀的過程當中會受到擠壓摩擦，進而不停地刺激陰蒂。

雙方若都是女性，那就讓彼此的陰裂摩擦，也就是所謂的「磨豆腐」（或稱「磨鏡」）。

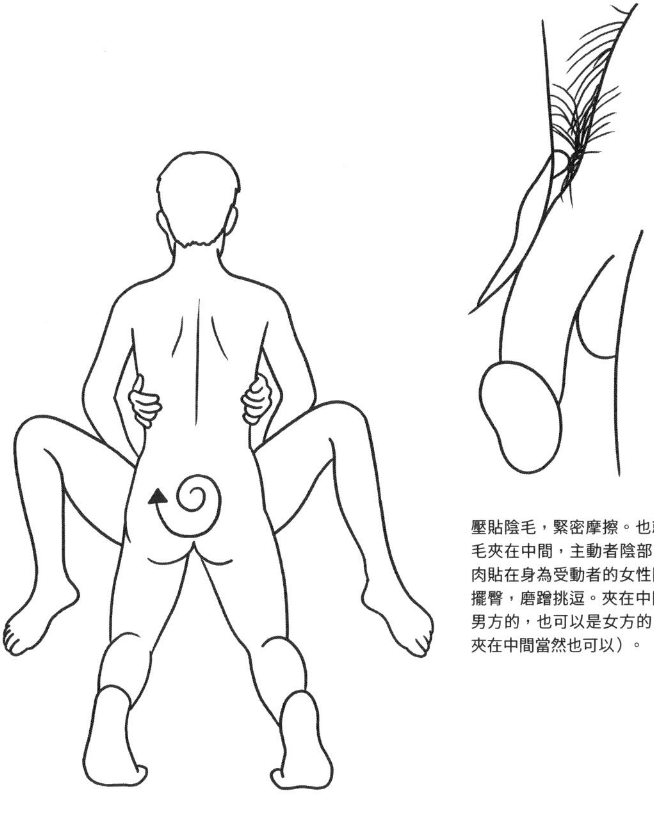

壓貼陰毛，緊密摩擦。也就是讓兩人的陰毛夾在中間，主動者陰部（陰阜附近）的肉貼在身為受動者的女性陰蒂上之後扭腰擺臀，磨蹭挑逗。夾在中間的陰毛可以是男方的，也可以是女方的（讓兩人的陰毛夾在中間當然也可以）。

應用技巧・其一：將身為受動者的女性陰毛夾在陰蒂和準備舔陰的舌頭之間，接著再一邊磨蹭陰毛，一邊舔舐刺激。

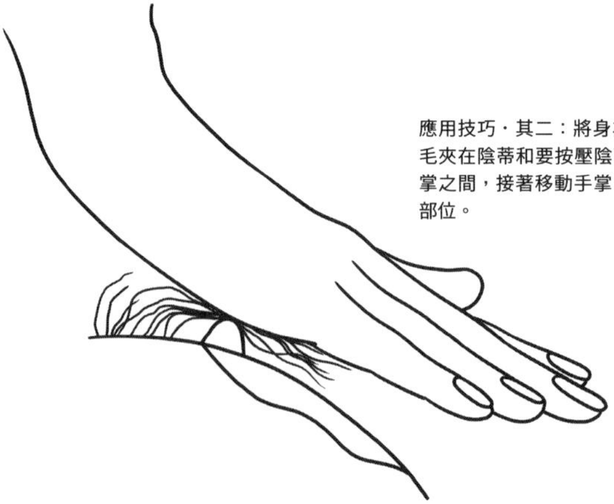

應用技巧・其二：將身為受動者的女性陰毛夾在陰蒂和要按壓陰蒂、準備摩擦的手掌之間，接著移動手掌，讓陰毛摩擦凸起部位。

插圖：羅ぶい

桌角自撫

PLAY 10

半強制性地重現少女時期那段甜酸的自撫回憶

只要是女性，任誰都會經歷那麼一次——尤其是在少女時期，那就是「桌角自撫」。不管是桌角、箱子、書架等箱狀家具的邊角，還是自行車或單輪車的座墊、鐵棒、攀爬杆……只要將陰部（但通常都是毫不自覺地）壓在日常接觸的家具或遊具上突出的堅硬部位，就能得到快感，這也算是一種自慰行為。

而這節要介紹的性愛技巧，就是模擬桌角自撫，恣意刺激陰蒂的愛撫方法。

其方法如下。

①先讓對方女性跨坐在家具之類的對象物體上，盡量讓陰裂裡的陰蒂貼在突出的邊角上。

②確認突出的邊角是否好好地貼在凸起部位上。

女方將私處貼放在桌角等家具突出的邊角上。而桌角的高度與硬度，都非常適合搭配這項性愛技巧。

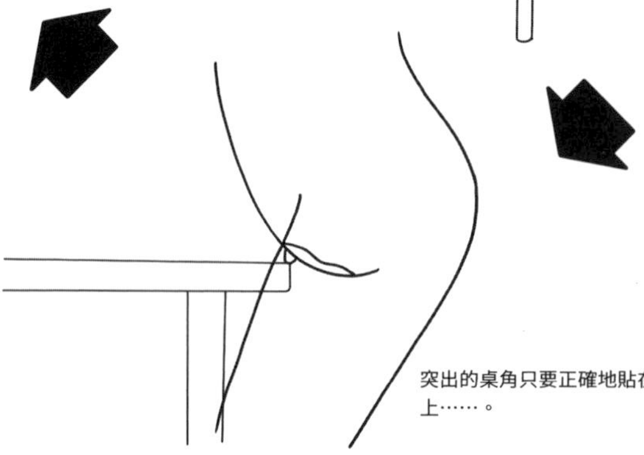

突出的桌角只要正確地貼在陰蒂上……。

③確認好之後，主動者雙手緊緊扶住女方的腰部（突出的腰骨或腰身）。

④扶著腰的手臂大幅地前後推動，讓女方的身體隨之搖晃。這樣就可以用物體的邊角壓迫摩擦陰蒂了。

除了上述的家具和遊具，沙發角以及扶手的突出部位都是就近取材的好東西。喜歡重口味玩法的人，也可以將椅背當作三角木馬，讓女性跨坐在上面。總之身邊的日用品通通都能派上用場。

不僅是生理上的刺激，這項技巧說不定還能激發藏在內心深處的原始感受，讓女方深埋在心的情慾像失控的嬰兒般傾巢而出，一發不可收拾呢。

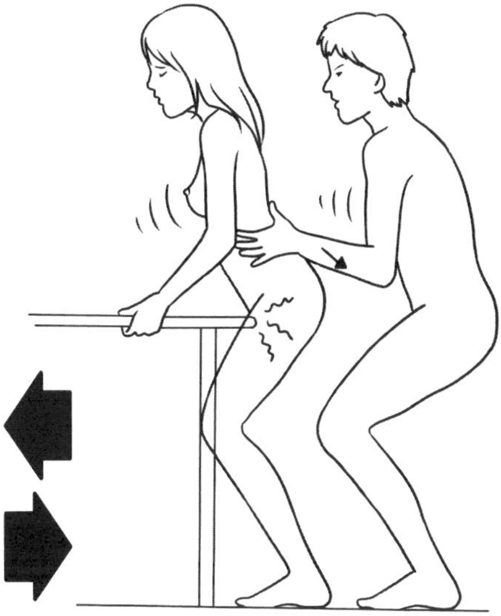

雙手緊緊扶住女方的腰，

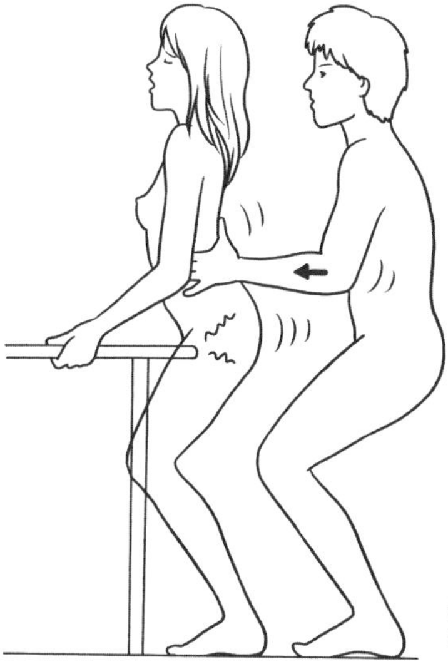

扶著腰的手臂大幅地前後推動，讓女方的身體隨之搖晃。如此一來，陰蒂就會被邊角擠壓刺激。

讓身為受動者的女性跨坐在沙發的扶手或靠背上也可以。

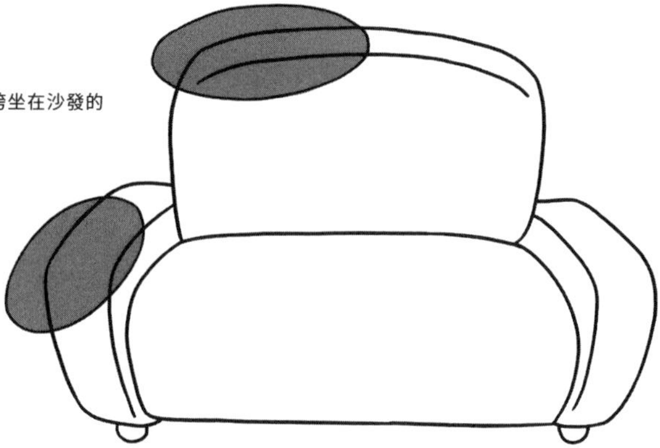

喜歡重口味玩法的人也可以將椅背當作三角木馬，讓女方跨坐在上面。只要其中一隻腳屈膝放在椅面上，身為受動者的女性就可以自行調節壓迫力（≒疼痛程度）。

插圖：大山樹奈

反向插入

PLAY 11

把勃起的陰蒂插入男性私處洞穴中！

男女交合時，若是提到「插入」，通常是指男性將陰莖插入女性的陰道口。但是這項性愛技巧剛好相反，是讓女性私處的凸出部位——勃起的陰蒂——插入男性私處的洞穴——也就是尿道口——。

這種逆轉情勢的想法真的是非常獨特，簡直就是一種違反動物本能和自然法則的合體方式，算是一種相當嶄新又邪門的極致玩法。如果有人覺得這種玩法會讓人嚇到退避三舍，我們也無話可說——正因如此，這個陰蒂愛撫技巧才會為身心帶來血脈賁張、亢奮無比的絕妙快感。

其方法是：①陰蒂充分勃起之後將包皮推開，整個露出來。②男性將自己的下體靠近女性私處。③當龜頭頂端非常靠近陰蒂時，男性便可用指尖將龜頭頂端往左

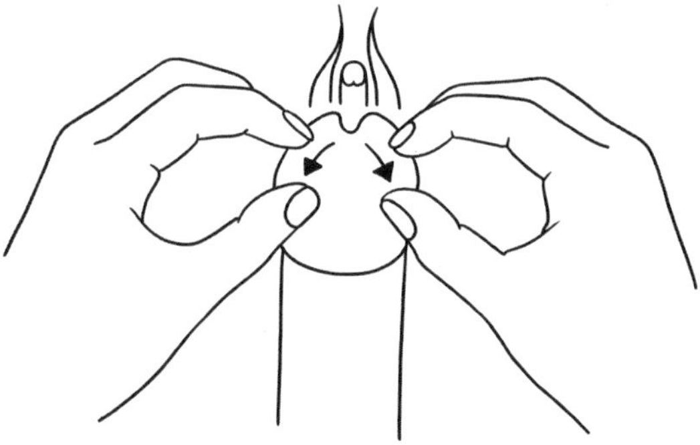

當女方勃起的陰蒂靠近龜頭頂端時，身為主動者的男性就用指尖將龜頭頂端朝左右推開，露出尿道口。

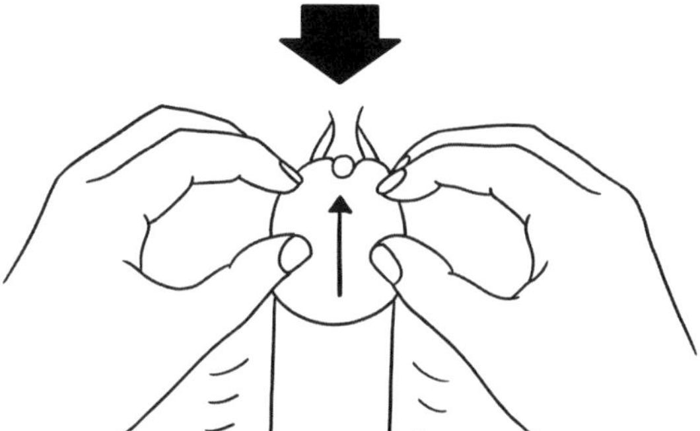

打開的尿道口對準陰蒂頭，推臀送腰，讓陰蒂登門入室。身為受動者女性的凸起部位會有一種獨特的包覆感，而身為主動者的男性私處也會有種發自核心的快感慢慢遍及全身。

右推，打開尿道口。④打開的尿道口對準陰蒂頭之後，即可推臀送腰，讓陰蒂塞進尿道口裡。⑤只要成功地讓女性的凸起部位塞進男性的尿道口裡，反向插入就算完成。

陰蒂挺立勃起時，若無法一次完美卡位，那就一邊推腰，一邊讓陰蒂不停地往尿道口頂，直到順利插入為止。

一旦順利插入，女性應該就會感受到一股陰蒂被包覆在裡頭、全身骨頭彷彿快要融化的快感。除了身為受動者的女性，作為主動者的男性本身也會因尿道口和尿道粘膜從內部被輕輕地推開而有股通體舒暢、直達核心的酥麻快感。

反向插入的完成圖。兩者緊密契合的模樣。

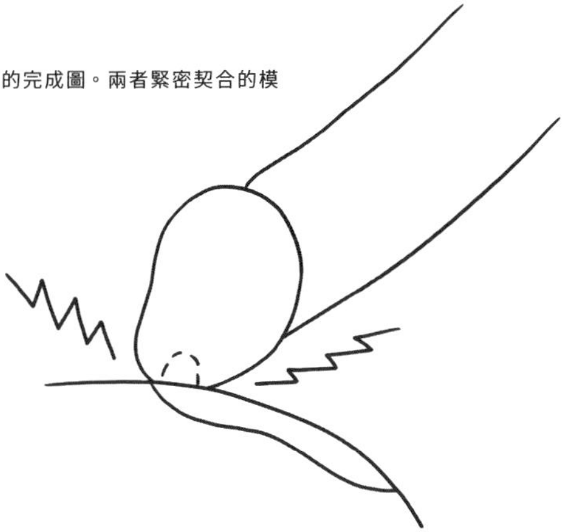

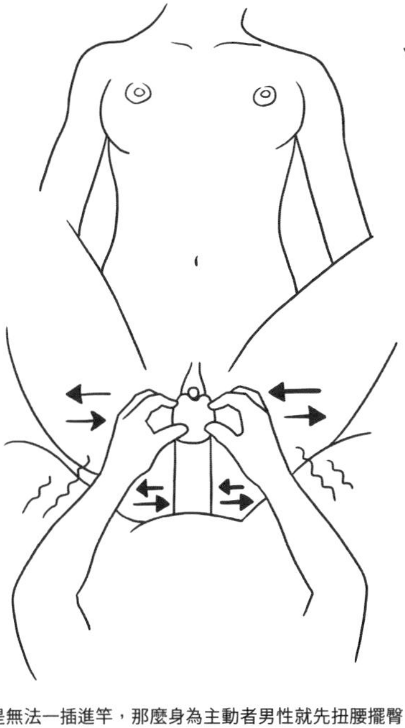

若是無法一插進竿，那麼身為主動者男性就先扭腰擺臀，或者手握陰莖旋轉，好讓陰蒂插入其中。

亢奮體位

在進行活塞運動的時候，女性總是會希望男性愛撫陰蒂的手不要停下來。特別是在與對「陰道高潮」還不是非常熟悉的女性交合時，兩人在合體的過程當中男性若能繼續用手刺激凸起部位的話，就可以讓女性反應更加激烈。不過這個時候不要像個無頭蒼蠅，隨便亂摸，而是要配合下列這幾個可以展現效果的體位，並多花些心思，盡量讓抽送的動作與愛撫凸起部位的手勢互相對應。

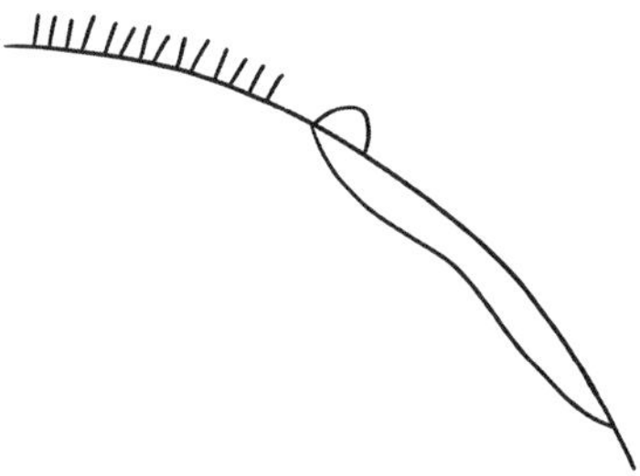

將女性的陰毛剃短也是方法之一。這樣不僅可以隨時觀察包皮的狀態，利用唇舌愛撫的時候也不會被陰毛影響到，反而更容易挑逗愛撫。

所謂的後站立體位。身為主動者的男性雙手可以自由移動，因此適合同時攻擊。當快感如洶湧的海浪襲來時，對方女性的腿腰會不停地顫抖，讓人飄飄欲仙。

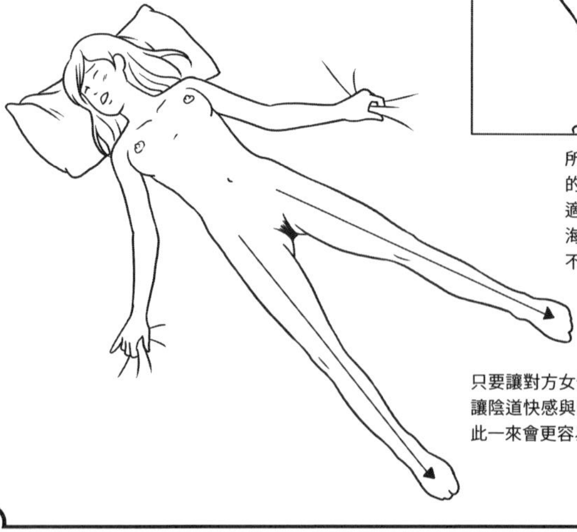

只要讓對方女性的雙腳伸直，就可以讓陰道快感與陰蒂快感雙管齊下，如此一來會更容易達到高潮。

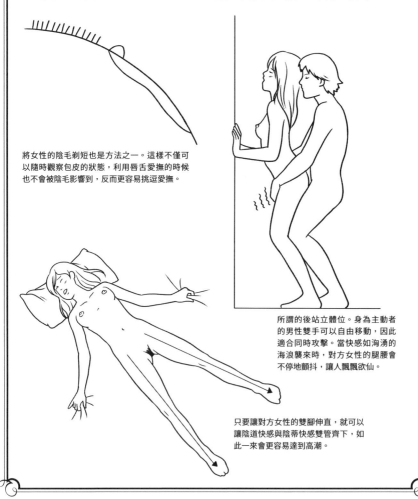

插圖：烏丸やよい

反女牛仔式騎乘體位。當女性彎曲身體壓在男性胸膛上時，身為主動者的男性就可以自由活動手臂，並且對陰蒂展開攻擊。

●作者

由良橋勢 Ikio Yurahashi

○性風俗研究家／文筆家

無論是SEX技巧解說還是日本國內外性愛風俗習慣相關報導都有涉獵，在性愛這個主題上執筆範圍相當廣泛。

同時還以評論家及指導員之姿於雜誌及廣播節目中大為活躍。

其根據龐大的採訪資料編寫的SEX指南摒除了多情善感的精神論，以徹底的技術解說為特色，不僅「實際實用」、「淺顯易懂」，內容更是「包羅萬象」，廣泛贏得了各方讀者的支持。

著有《世界の女とセックス》、《世界sex百科》、《フェラチオ教本》、《SEXピストン運動教本》、《クリトリス愛撫教本』、《10倍気持ちイイSEX教本』、《SEX中出し教本》、《18歳のセックス教科書》、《クンニリングス教本》、《オナニーの技術》等書（以上為データハウス出版）。

●封面插畫

水龍 敬

●卷頭漫畫

仲村ユキトシ

●內頁插畫
P31/P67/P75/P89/P103/P121

大山樹奈

●內頁插畫
P25/P53/P83/P99/P109/P125

烏丸やよい

●內頁插畫
P17/P39/P61/P81/P113

戸ヶ里 憐

●內頁插畫
P23/P49/P71/P93/P117

羅ぶい

●圖解插畫

はむきち／角 慎作（DATA HOUSE版原創）

豆豆攻略！
圖解陰蒂愛撫・高潮完全指南

2024 年 6 月 1 日　初版第一刷發行

作　　者　由良橋勢
譯　　者　何姵儀
編　　輯　魏紫庭
美術編輯　許麗文
發 行 人　若森稔雄
發 行 所　台灣東販股份有限公司
　　　　　＜地址＞台北市南京東路 4 段 130 號 2F-1
　　　　　＜電話＞（02）2577-8878
　　　　　＜傳真＞（02）2577-8896
　　　　　＜網址＞ http://www.tohan.com.tw
郵撥帳號　1405049-4
法律顧問　蕭雄淋律師
總 經 銷　聯合發行股份有限公司
　　　　　＜電話＞（02）2917-8022

國家圖書館出版品預行編目（CIP）資料

豆豆攻略！圖解陰蒂愛撫.高潮完全指南 / 由良橋勢著 ; 何姵儀譯. -- 初版. -- 臺北市 : 臺灣東販股份有限公司, 2024.06
128面 ; 14.8×21公分
ISBN 978-626-379-420-7(平裝)

1.CST: 性知識 2.CST: 女性

429.1　　113006257